L'HOMME
SELON LA SCIENCE

PREMIÈRE PARTIE

D'OÙ VENONS-NOUS ?

PARIS. — IMP. SIMON RAÇON ET COMP., RUE D'ERFURTH, 1

L'HOMME

SELON LA SCIENCE

SON PASSÉ, SON PRÉSENT, SON AVENIR

OU

D'OÙ VENONS-NOUS? — QUI SOMMES-NOUS?
OÙ ALLONS-NOUS?

EXPOSÉ TRÈS-SIMPLE
SUIVI D'UN GRAND NOMBRE D'ÉCLAIRCISSEMENTS ET REMARQUES SCIENTIFIQUES

PAR

LE DOCTEUR LOUIS BÜCHNER
AUTEUR DE *FORCE ET MATIÈRE*

TRADUIT DE L'ALLEMAND PAR LE DOCTEUR CH. LETOURNEAU

ORNÉ DE NOMBREUSES GRAVURES SUR BOIS

PREMIÈRE PARTIE

D'OU VENONS-NOUS?

DEUXIÈME ÉDITION

PARIS
C. REINWALD ET Cie, LIBRAIRES-ÉDITEURS
15, RUE DES SAINTS-PÈRES, 15

1874

AVANT-PROPOS

Ce livre a pour origine une série de leçons publiques faites çà et là par l'auteur dans le courant des quatre ou cinq dernières années. Les grandes découvertes scientifiques, œuvres de notre temps ou d'un passé très-récent, au sujet de l'antiquité du genre humain, de son origine et aussi de la place qu'il occupe dans la nature, formaient le sujet de ces leçons. La question est grande ; elle est d'un incomparable intérêt ; au point de vue du développement, de l'extension des idées générales que formule le réalisme philosophique touchant le monde et la vie, elle a une importance qui d'ici longtemps ne sera pas suffisamment appréciée ; c'est pourquoi l'auteur peut se dispenser d'indiquer minutieusement, dans cet Avant-propos, les motifs, les raisons qui l'ont décidé à fondre ensemble les points essentiels de ces leçons et à en offrir un exposé très-simple à un public plus nombreux, cela dans un but de diffusion scientifique. Pour éviter à la majorité des lecteurs le trouble, la fatigue, la confusion, qui auraient pu résulter de la profusion des matériaux, des moellons de ce travail, l'auteur a cru convenable d'user d'un procédé fréquemment employé : Ce qui constitue, à vrai dire, l'étoffe, la substance des propositions contenues dans le texte, il l'a rejeté dans un appendice contenant des citations, des détails scientifiques, des développements plus amples, des remarques, le tout relié au texte par des numéros correspondants. Ce procédé doit, dans l'opinion de l'auteur, rehausser la valeur scientifique du livre, sans pourtant le rendre moins abordable au grand public, dont on a cru devoir se préoccuper avant tout dans le texte principal.

La faveur extraordinaire que le public a accordée jusqu'à présent, et sans exception, à toutes les productions littéraires de l'auteur, cette faveur qui l'a encouragé à poursuivre sa route, ne saurait manquer à ce nouvel opuscule, qui a surtout pour objet d'aider à la diffusion des connaissances et au progrès intellectuel. L'auteur est d'autant mieux fondé à le croire, que la deuxième partie de ce livre contiendra une étude analytique populaire touchant l'une des questions les plus brûlantes, une question qui, depuis quelques années, a tout spécialement agité les esprits. Cette question, si souvent mal comprise et résolue dans les sens les plus divers, est celle de la généalogie simienne de l'homme. Si, en prenant pour garants des hommes de science, des esprits positifs, l'auteur est assez heureux pour vulgariser sur ce sujet si neuf et si controversé des appréciations justes, libres de tout préjugé, dégagées de toute ignorance, ce résultat seul lui paraîtra assez important pour le payer de sa peine.

Quant aux adversaires, aux ennemis, aux calomniateurs, qui tâcheront de remplacer la lumière par les ténèbres, la vérité par le mensonge, la réalité par des phrases, sans doute ils ne nous manqueront pas plus cette fois que les précédentes. L'auteur, à qui font défaut le temps, le loisir et le désir d'une polémique plus longue, pense que le meilleur moyen de combattre ici de tels adversaires est de terminer cet Avant-propos par un passage emprunté à un écrivain anglais. Celui-ci a défendu le point de vue de l'auteur (indiqué d'ailleurs dans nombre d'écrits) avec tant d'éclat, de décision, qu'il n'est pas nécessaire d'ajouter un mot de plus à son apologie.

« Rien de plus fréquent, dit le docteur Page (Man., etc. Edinburgh, 1867), que les accusations jetées aux tendances de la science moderne du haut de la chaire des prédicateurs ou des professeurs de rhétorique par des gens qui non-seulement ignorent les éléments de la science, mais qui de plus se sont liés par des formules, des articles de foi, avant même que leur esprit fût assez mûr et leur savoir assez grand pour qu'il leur fût possible de distinguer, parmi ces entraves, ce qui est essentiel de ce qui ne l'est point. Et ici l'on peut remarquer une fois pour toutes que, quiconque admet des formules ou des articles de foi, soit en philosophie, soit en théologie, ne peut être un ami de la vérité, ni même un juge impartial pour les opinions d'autrui ; car son parti pris le rend intolérant pour les convictions les plus honorables d'autres savants. On peut avoir des convictions, on en doit avoir, mais de telles qu'elles puissent changer suivant les progrès de la science. De telles convictions n'entravent point le progrès, tandis qu'une opinion considérée comme vérité dernière, une croyance défendue avec violence, non-seulement coupent court à toute recherche, mais inspirent même de la haine contre tout contradicteur. Cette haine, en admettant même qu'elle ne soit guère redoutable, blesse et aigrit ; de là vient la répugnance de tant de savants à proclamer ouvertement leurs opinions. Il est temps d'en finir avec ces ménagements ; il est temps de dire hardiment à ces hommes de foi que le scepticisme et l'infamie, s'il y en a, sont tout à fait de leur côté. Pas de scepticisme plus fâcheux que celui-là, qui met en doute les données les plus respectables et la plus consciencieuse observation ; pas d'infamie plus grossière que celle-là, qui tient en méfiance les conclusions d'un arrêt bien fondé et impartial. »

Ces paroles d'or mériteraient d'être gravées sur l'airain et affichées à l'entrée de toutes les églises, de toutes les écoles, de tous les bureaux de rédaction.

L'Auteur.

Darmstadt, mai 1869.

L'HOMME SELON LA SCIENCE

INTRODUCTION

> La grande tâche de la vie, celle même dont nous avons le plus immédiatement à nous occuper, sera d'autant mieux comprise et d'autant plus intelligemment remplie, que l'homme concevra mieux quelle est sa place dans la nature et quelles sont ses relations avec l'ensemble de ce qui est. D. Page.

> Si l'on passe en revue l'ensemble des faits que les investigations modernes ont rassemblés de tous côtés, si l'on pèse bien leur importance pour la connaissance de l'homme, on ne peut douter de la fin des idées anciennes et de l'inauguration d'une tout autre conception de la nature. Schaaffhausen.

> L'histoire naturelle moderne a fourni une conception de l'univers bien autrement élevée que celle de l'antiquité; pour elle le monde matériel a cessé d'être le jouet d'un frivole caprice; l'histoire, d'être un duel inégal entre Dieu et l'homme. Elle embrasse passé, présent et avenir dans un tout grandiose en dehors duquel rien ne peut exister. A. Laugel.

Phases du développement intellectuel de l'humanité. — La question de la place de l'homme dans la nature, envisagée comme étant pour l'humanité la question des questions. — Origine et généalogie du genre humain. Il est l'œuvre de la nature. — Comparaison de cette découverte avec celle de Nicolas Copernic. — Erreurs *géocentrique* et *anthropocentrique*, d'après Häckel. — Que les craintes relatives au danger des nouvelles découvertes sont sans fondement. — Causes de l'ancienne erreur au sujet de la place de l'homme dans la nature. — La nature et la matière méprisées. — Antiquité du genre humain. — Naissance de l'homme il y a 6,000 ans.

Dans son excellent traité sur la place de l'homme dans la nature, M. Huxley, le célèbre anatomiste et savant professeur anglais, compare les phases du développement intellectuel par lesquelles l'humanité s'achemine de plus en plus vers la vérité, aux mues périodiques d'une chenille qui dévore et grandit.

De temps en temps, dit-il, la vieille enveloppe tégumentaire devient trop étroite pour l'animal qui croît; c'est pourquoi elle se déchire et est remplacée par un tégument nouveau plus large et plus ample. Il en est tout à fait de même pour le développement progressif de l'esprit humain. De temps à autre, l'esprit de l'homme, nourri par un continuel accroissement de connaissances, se trouve à l'étroit dans son enveloppe théorique; celle-ci se déchire, une autre lui doit succéder. A partir de la renaissance scientifique du quinzième siècle, l'esprit humain reçut une nourriture abondante et fortifiante. L'éducation de l'esprit humain, commencée auparavant par les Grecs, avait été interrompue par un temps d'arrêt, un long sommeil intellectuel de quatorze siècles. D'où provint ce temps d'arrêt? je ne le chercherai pas ici, quoique la cause en soit évidente pour quiconque connaît l'histoire réelle et non pas cette autre histoire fabriquée à dessein par les théologiens et les philosophes. La croissance de la science cessant d'être enrayée, de plus fréquentes déchirures des téguments vieillis, de plus nombreuses mues intellectuelles étaient inévitables. Citons celle que provoqua, au seizième siècle, l'écroulement du vieux système astronomique et l'influence de la réforme, ou, à la fin du dix-huitième siècle, la diffusion des lumières et l'influence de la grande Révolution française! Aujourd'hui aussi l'essor extraordinaire des sciences naturelles depuis environ cinquante ans a fourni à l'esprit humain une telle abondance d'aliments fortifiants et excitants, que la vieille enveloppe va se déchirer à nouveau et plus grandement, qu'elle va craquer de toutes parts ; cela paraît inévitable.

Mais assurément (c'est en ces termes que M. Huxley continue son excellente comparaison) ces mues périodiques, ces ruptures tégumentaires peuvent fort bien ne se point faire sans encombre; elles peuvent provoquer diverses maladies, commotions ou indispositions chez l'animal qui se métamorphose ; or il en est absolument de même dans le monde intellectuel, où ces révolutions entraînent également des dangers, des malaises de toute sorte. Il est donc du devoir de tout bon citoyen, de tout bon patriote, d'aider de tout son pouvoir, par tous les moyens qui se trouvent à sa disposition (si petits qu'ils soient), à l'heureux et prompt achèvement de cette phase, de cette crise nécessaire; il doit faire son possible pour faciliter la rupture, pour aider au rejet des téguments vieillis, afin de donner de la place, de la liberté au corps qui grandit.

C'est par cette comparaison magistrale que M. Huxley, au début de son livre, cherche à montrer qu'il a le droit, ou mieux, le devoir de prendre part aux grands débats scientifiques de son siècle. La même comparaison peut aussi servir d'excuse, de justification à l'auteur de ce livre, pour avoir traité sous une forme familière une question aussi importante, aussi épineuse que celle de la place de l'homme dans la nature, et pour avoir offert au public un exposé des efforts de la science moderne dans le but de dissiper ou de détruire les vieilles erreurs, les vieux préjugés.

Sans doute, M. Huxley a encore raison quand il appelle cette question de la place de l'homme dans la nature, des relations de l'humanité avec l'univers, la question des questions pour l'homme, et quand il signale ce problème comme étant au fond de tous les autres, comme nous intéressant plus profondément qu'aucun autre. « D'où est venue notre espèce ? dit-il. Quelles sont les limites de notre pouvoir sur la nature ? quelles sont celles des forces naturelles sur nous ? Vers quel but tendons-nous ? Autant de problèmes à résoudre, autant de problèmes qui, toujours à nouveau, s'imposent à tout homme venant au monde, et avec un intérêt qui jamais ne s'amoindrit. » On peut formuler plus simplement ces vieilles questions qui de tout temps ont occupé l'esprit humain ; elles nous crient : D'où venons-nous ? qui sommes-nous ? où allons-nous ? — Ces questions, jusqu'à présent plongées dans la profonde obscurité d'un mystère qui paraissait impénétrable, la science moderne les a éclairées ou du moins éclaircies pour la première fois.

Dans les siècles passés, c'était naturellement et nécessairement les idées philosophiques et théologiques générales qui dictaient la réponse à de telles questions. Le problème surtout, qui nous occupe ici particulièrement et principalement, était, tout récemment encore, enfoui sous une telle montagne d'ignorance et de préjugés que, précisément au point de vue scientifique, on dut le déclarer insoluble et indigne de figurer dans un traité scientifique quelconque. Il arriva donc que la question fondamentale entre toutes, celle de l'origine, de la généalogie ou de la filiation du genre humain, fut par les savants du passé, d'accord en cela avec l'opinion presque universelle, déclarée transcendante, c'est-à-dire au-dessus de l'intelligence et de la science, du moins de la science expérimentale. Qui eût pensé, qui eût même soupçonné, il y a moins de dix ans, que dans un si court espace de temps, par le progrès du savoir et de l'induction scientifique, une lumière si éclatante, si irréfragable serait projetée sur ce mystère des mystères, sur le plus antique passé et la première origine de l'homme ?

On peut dire sans exagération que, parmi tous les progrès de l'esprit humain, celui-là se place au premier rang, et que la découverte de l'origine *naturelle* de l'homme, la démonstration de sa place réelle dans l'univers se rangent à côté, sinon au-dessus des plus grandes découvertes de tous les temps. Aussi les savants modernes, qui ont le plus approfondi la question, se sont vus contraints d'en parler dans les mêmes termes ou dans des termes analogues : « Connaître la véritable origine de l'homme, dit le professeur Schaaffhausen, c'est là, pour toutes les conceptions humaines, une découverte si fertile en conséquences, qu'un jour ce résultat sera considéré sûrement comme le plus grand qu'il était donné à l'homme d'atteindre. » Selon l'opinion exprimée par M. le professeur Häckel, dans son *Histoire de la création naturelle* (Berlin, 1868, p. 487), la connaissance de l'origine naturelle et spécialement de l'origine animale de l'homme entraînera tôt ou tard une révolution complète dans toutes les conceptions de l'homme au sujet de l'univers.

Certainement, au point de vue de l'importance, au point de vue des conséquences à longue portée, une seule découverte peut rivaliser avec celle-là, c'est la découverte du mouvement de la terre autour du soleil comme centre, c'est l'édification du système astronomique de Copernic (1). De toutes les mues de l'esprit humain dont nous parlions tout à l'heure et qui, grandes ou petites, sont si nombreuses dans l'histoire du développement de la civilisation, cette découverte astronomique est bien certainement l'une des plus importantes, l'une des plus saillantes. A peine aujourd'hui pouvons-nous nous figurer quelle énorme influence, après la longue léthargie du moyen âge, la grande découverte de Nicolas Copernic exerça au milieu du seizième siècle sur les contemporains et même sur le siècle suivant; seule, la découverte de l'Amérique peut se comparer avec celle-là, à cet égard et comme ayant reculé les bornes de l'horizon intellectuel chez nos ancêtres.

Partant de cette idée, le professeur Häckel, dans une excellente leçon sur l'origine et la généalogie du genre humain (Berlin, 1868), signale deux erreurs comme les plus grandes, les plus funestes qui aient fait jadis et qui font encore obstacle aujourd'hui au développement de l'esprit humain ; et il les appelle excellemment : « *l'erreur géocentrique* » et « *l'erreur anthropocentrique.* » L'erreur géocentrique considérait la terre comme le centre, le point capital de l'univers, qui d'ailleurs, pensait-on, était fait uniquement pour ce point central et ses habitants. Selon l'erreur anthropocentrique, qui domine encore aujourd'hui dans la plupart des esprits, l'homme est aussi le centre, le but unique du monde organisé ; il est l'image de Dieu, le maître, le pivot du monde terrestre. C'est d'ailleurs pour l'usage de l'homme que tout le mécanisme de ce monde a été arrangé ou existe ; tout y a trait aux besoins spéciaux de l'homme.

La première de ces erreurs a été, comme on le sait, détruite ou écartée par Copernic, Kepler, Galilée, Newton. Lamarck, Gœthe, Lyell, Darwin et leurs adhérents ou successeurs ont fait justice de la seconde.

C'est de cette seconde erreur, de son élimination, de ce qui doit la remplacer que traitera particulièrement ce livre. Mais, avant de pénétrer plus avant dans son sujet, l'auteur croit devoir appeler l'attention sur un phénomène qui, jusqu'à présent, s'est toujours reproduit, l'histoire nous l'apprend, lors des grandes découvertes scientifiques. Naturellement la découverte dont il s'agit ici l'a aussi rencontré sur son chemin. Nous voulons parler de cette crainte dénuée de tout fondement, qui s'empare des esprits au sujet des conséquences soi-disant effroyables de pareilles découvertes, de l'inauguration d'une nouvelle conception scientifique ou philosophique de l'univers. Au temps où le système de Copernic commença à prévaloir, on regarda non-seulement la religion, mais aussi tout l'ordre du monde moral comme ébranlé ou en péril, et l'on crut que, par le changement des vues jusqu'alors admises au sujet de la position réciproque des corps célestes, la foi et les mœurs, la religion et la morale, l'État et la société allaient être sapés par la base, ou du moins allaient subir le plus grave dommage. Mais on sait que de toutes ces conséquences redoutées, de toutes ces effroyables prophéties rien ne se réalisa. Au contraire, l'humanité a progressé énormément depuis lors, non-seulement intellectuellement, c'est-à-dire du côté des idées, mais encore moralement ou du côté des mœurs; et justement elle l'a fait avec l'aide et en partie par l'influence de cette extension de connaissance.

Il est à prévoir qu'il en sera aujourd'hui comme autrefois; toutes les déclamations, toutes les tirades des obscurantistes et des gens timorés contre le nouveau progrès non-seulement seront sans effet contre la vérité, mais en outre les craintes qu'elles éveillent ne se réaliseront nullement. Aux yeux de l'auteur et vraisemblablement de tout bon esprit, chaque progrès intellectuel de l'humanité, chaque pas qu'elle fait vers la vérité, est en même temps un progrès au double point de vue matériel et moral!

Quant à l'erreur dite *anthropocentrique*, contre laquelle est particulièrement dirigée la nouvelle découverte de la place réelle de l'homme dans la nature, cette erreur est en elle-même aussi concevable qu'excusable. En effet, si nous faisons abstraction des faits scientifiques si nombreux, que d'infatigables recherches ont mis aujourd'hui à notre disposition, à première vue, l'homme nous semblera un être si absolument, si fondamentalement différent de la nature ambiante, qu'à peine pourrons-nous blâmer nos ancêtres d'avoir méconnu et même de ne point avoir soupçonné l'intime, l'indissoluble connexion de l'univers et des phénomènes vitaux, sans en excepter ceux de la vie humaine. « Aux yeux du passé, dit le professeur Perty dans ses *Leçons anthropologiques* (Leipzig et Heidelberg, 1863), l'homme fut un être étranger à la terre, un voyageur placé sur elle par un pouvoir incompréhensible. Pour le présent, dont la vue est meilleure et plus juste, l'homme n'est plus un être jeté accidentellement sur le globe par un acte arbitraire ; son développement, soumis à des lois régulières, a suivi celui de la terre et l'organisation générale de cette terre, c'est un être qui est en harmonie, dès sa naissance, avec la nature terrestre, qui en dépend comme la fleur et le fruit dépendent de l'arbre qui les porte. »

Un écrivain anglais exprime encore plus nettement la même pensée dans les termes suivants : « L'homme occupa jadis dans l'opinion des savants une place distincte dans le grand ensemble du monde. C'était dans le plan général de la nature un phénomène unique, et vouloir le traiter selon les procédés habituels de la méthode inductive, vouloir le soumettre aux lois qui régissent les autres faits naturels, c'était presque commettre un acte d'impiété publique et scandaleuse. » (*Anthropological Review*, 1865, n° 9.)

Aujourd'hui les idées à ce sujet sont bien changées. Si, en effet, en s'appuyant sur la science et sur les grandes découvertes modernes, en écartant tous les antiques préjugés, on cherche la place de l'homme dans la hiérarchie des êtres, on arrive aussitôt à des conclusions diamétralement opposées aux idées anciennes. On trouve ou l'on reconnaît que l'homme, non-seulement par ses propriétés physiques, mais aussi bien par ses propriétés intellectuelles, est uni de la façon la plus intime avec la nature ambiante, et que, s'il s'élève au-dessus d'elle, c'est seulement par un perfectionnement plus grand et plus varié de ses forces et de ses facultés. Tout au contraire, jadis, par un étonnant aveuglement, on considérait la nature, qui pourtant a enfanté l'homme, non point comme une amie, comme une parente, mais bien comme le plus grand obstacle que pût rencontrer l homme sur le chemin de la vie et surtout sur la route qui mène au développement des plus hautes facultés intellectuelles. Je pourrais citer, en les empruntant à nos plus célèbres philosophes, de nombreuses propositions qui expriment très-nettement cette pensée. Parfois même on alla jusqu'à déclarer tout simplement que la nature était une déchéance de l'esprit, et l'on accabla des plus grossières invectives ce qui fait la base de l'univers, *la matière*. Certes, une pareille conduite était aussi sensée que celle de l'enfant levant la main contre son père.

On sait trop jusqu'à quel point a été poussé le mépris de la nature mise en opposition avec le monde spirituel par ceux qui voient l'univers à travers les idées religieuses et spécialement les idées chrétiennes et théologiques ; insister sur ce point serait inutile. Ce fanatisme insensé et furieux de l'homme contre sa propre chair devrait déjà s'être évanoui devant les grandes découvertes dont il est ici question. Ce qu'il faut tâcher maintenant par-dessus tout, dans l'intérêt de l'individu et dans celui de l'humanité, ce n'est pas de mépriser, d'avilir la nature, c'est de la connaître aussi intimement que possible pour arriver à la comprendre, à l'honorer et à la maîtriser. Cette connaissance toujours grandissante est la raison de l'énorme influence, de la puissante autorité que les sciences naturelles ont acquise dans ces dix dernières années, et qui, avec le temps, deviendra de plus en plus dominante.

Toutefois (et dans l'intérêt de l'exactitude historique je ne dois pas omettre de le remarquer), la vraie place de l'homme dans la nature a été vue ou reconnue par des penseurs éminents et isolés longtemps avant la mise en lumière des observations que nous possédons aujourd'hui. Mais c'était là des jugements solitaires, intuitifs ; l'indispensable base de la démonstration expérimentale leur faisait défaut ; c'est pourquoi ils ne purent parvenir à s'accréditer. Cette base, la science moderne a réussi, pour la première fois, à la leur fournir.

Parmi ces données scientifiques, il faut placer en première ligne les recherches aussi nouvelles qu'intéressantes relatives à l'antiquité du genre humain. Cette antiquité, dans le sens où nous l'entendons, laisse bien loin derrière elle toute tradition historique. Jusqu'à présent, l'on n'avait ni connu, ni soupçonné cette existence préhistorique de l'homme, et cela même suffisait à barrer le chemin à une juste appréciation de la place de l'homme dans la nature. En effet, si l'on croit, avec la tradition biblique jusqu'ici dominante, qu'il y a cinq à six mille ans environ, l'homme a été créé et placé sur la terre par une toute-puissance souveraine ou par une force créatrice ; que certainement il était alors, dans ses traits essentiels, ce qu'il est encore aujourd'hui, si même il n'était plus parfait, — alors naturellement nul fil qui puisse, par des lois régulières, relier l'homme au reste du monde, aucune place non plus pour une opinion différente de l'ancienne. Alors il ne faut pas sortir du point de vue qu'adoptent encore aujourd'hui nos almanachs populaires « pour la ville et la campagne » ou « pour le citadin et le paysan ». Chaque année, ces almanachs indiquent à nouveau, sur leur couverture de papier gris, la création du monde comme ayant eu lieu quelques milliers d'années avant la naissance du Christ (exactement 5822 ans, dit Calvisius; 5628 ans, selon l'Almanach des campagnes pour la Hesse, édition de 1868), et ils la font suivre tôt après de la création de l'homme. Cette opinion de l'almanach populaire, qui est tout juste le contraire de l'opinion scientifique, a été blessée à mort par les découvertes relatives à l'antiquité de l'homme. En effet, ces découvertes, ces investigations ont démontré que, tout en étant la cime, le rameau le plus jeune de l'arbre organique, l'homme a pourtant derrière lui un passé, en comparaison duquel les milliers d'années de l'histoire et de la tradition s'évanouissent presque comme un instant. La première partie de notre livre va démontrer par des faits cette proposition.

I

D'OU VENONS-NOUS?

L'histoire naturelle a remonté dans le passé de l'homme jusqu'à une époque qui est au delà de toute tradition historique; elle a reculé l'ancienneté de notre espèce jusque dans ce passé où l'Européen guerroyait avec les animaux des cavernes diluviales. L'homme alors non-seulement mangeait la chair du mammouth, du rhinocéros, et extrayait la moelle de leurs os, mais en outre il déchirait, en cannibale, la chair de ses semblables. Alors l'homme faisait paître ses troupeaux de rennes entre les glaciers; le long de nos lacs, il se construisait des huttes sur pilotis; sur les rivages du nord de l'Europe, il entassait des monceaux de coquillages, débris de ses repas.

Prof. SCHAAFFHAUSEN, *Essai sur les questions anthropologiques actuelles.*

La science moderne ne se contente pas de démolir les fondements, caducs à la vérité, de la chronologie classique et de reporter l'origine de l'homme à une époque si lointaine, qu'en comparaison notre histoire écrite ne semble plus qu'un instant fugitif perdu dans une série de siècles que le regard ne peut embrasser; elle va encore plus loin, etc.

A. LAUGEL, *l'Homme préhistorique.*

Ancienneté, état primitif et développement du genre humain; sa barbarie originelle.

En l'année 1852 (il y a maintenant dix-sept ans), on découvrit par hasard en France, sur le versant méridional des Pyrénées, dans le voisinage de la petite ville d'Aurignac, département de la Haute-Garonne, une caverne qui, depuis, est devenue célèbre sous le nom de « caverne d'Aurignac. » Dans cette caverne, que fermait une lourde plaque de grès, on trouva les squelettes ou les ossements d'au moins dix-sept individus, hommes, femmes et enfants, qui y avaient été inhumés. Malheureusement, on n'explora d'abord la caverne que très-imparfaitement, et les ossements furent enterrés ailleurs.

Ce fut seulement huit ans après, en 1860, que l'endroit fut plus soigneusement et plus scientifiquement examiné et décrit par le célèbre paléontologiste français, M. E. Lartet, qui, depuis longtemps, connaissait à fond les nombreuses cavernes à ossements du sud de la France et leur contenu. Ces recherches démontrèrent que la caverne d'Aurignac fut une antique place de sépulture appartenant à l'âge de pierre et à une époque où les animaux antédiluviens d'une race éteinte depuis longtemps, ont vécu en grand nombre dans nos contrées. Lorsque le sable qui recouvrait le versant de la montagne fut enlevé, on vit que primitivement le sol de la caverne se continuait avec une sorte de terrasse libre située devant l'entrée. Cette terrasse devait avoir joué jadis un rôle important dans les cérémonies funéraires. On y trouva une couche de cendres et de charbons de bois de six pouces d'épaisseur, recouvrant une sorte d'âtre grossier formé de quelques plaques de grès. Cet âtre était rougi par l'action du feu et reposait immédiatement sur la couche calcaire sous-jacente. Il est surtout à remarquer que l'on trouva dans les cendres et dans la terre, qui les recouvrait, une grande quantité d'os d'animaux et d'objets ouvrés. On compta au moins une centaine de ces objets; tous étaient en pierre et la plupart en silex. C'étaient des couteaux, des pointes de flèches, des pierres de fronde, des éclats de silex, etc. On trouva aussi un de ces rognons de silex si communs dans les montagnes crayeuses de la France et d'où sont tirés les ustensiles de silex; des éclats en avaient été détachés. On trouva encore une sorte de marteau de pierre, de forme ronde, avec deux cavités creusées latéralement; on l'avait tiré d'une roche étrangère au pays. Cet outil a pu servir à travailler le silex; pour le manier, on plaçait le pouce et l'index dans les cupules creusées sur chaque face. Il y avait encore des objets ouvrés en os, en bois de chevreuil et de renne; savoir : des aiguilles, des alènes, des pointes de flèches, des couteaux plats, etc. On trouva en outre une canine de jeune ours des cavernes; cette canine, perforée dans le sens de sa longueur, avait été travaillée d'une façon toute spéciale; on crut y reconnaître la forme d'une tête d'oiseau. Sûrement ce dut être un amulette ou un ornement destiné à être suspendu au cou.

Les ossements d'animaux étaient fort nombreux et, pour la plupart, provenaient d'espèces ayant vécu dans la période quaternaire ou diluviale; c'est la période géologique qui a précédé immédiatement la nôtre. On n'y compta pas moins de dix-neuf espèces et, parmi elles, justement celles qui caractérisent le diluvium, comme l'ours des cavernes, le mammouth ou éléphant antédiluvien, le rhinocéros lanigère, le cerf géant d'Irlande, le cheval, le renne et l'aurochs. En outre, le plus grand nombre des ossements avaient appartenu à des herbivores, tandis que les carnassiers et aussi le mammouth n'étaient représentés que par de rares échantillons. On en peut conclure que ces derniers étaient ou trop forts ou trop grands pour que l'homme primitif les pût habituellement chasser et tuer. Tous les os à moelle, sans exception, avaient été brisés et fendus pour en extraire la moelle, qui, pour l'homme primitif, était une friandise. La plupart des os étaient rayés, striés longitudinalement, comme si on les avait raclés avec un instrument grossier.

par exemple un couteau de pierre, pour en détacher la chair adhérente. Les dents des animaux carnassiers avaient laissé leurs traces sur beaucoup de ces os, et les portions dites spongieuses avaient été rongées. Ces carnassiers n'avaient pu être que des hyènes, puisque les coprolithes ou excréments pétrifiés de ces animaux se rencontraient en grande quantité autour des débris. Sur beaucoup d'os on voyait les traces du feu, et la nature de ces traces prouvait que les ossements étaient encore frais quand ils avaient été exposés au feu.

Au dehors de la grotte aucun os humain. Au contraire, on en trouva un certain nombre dans l'intérieur de la grotte. C'étaient des os de la main ou du pied, qui avaient échappé au premier déblayement. Ils étaient exactement dans le même état que les ossements d'animaux éteints, par exemple ceux de l'ours des cavernes, du mammouth, etc., et l'analyse chimique décela dans les uns et dans les autres la même quantité de substance organique. Tous les os d'hommes ou d'animaux offraient les caractères d'une haute antiquité; ils étaient friables, poreux et happaient à la langue.

Outre les os humains, on trouva dans l'intérieur de la grotte un certain nombre d'os appartenant aux espèces animales déjà trouvées dehors; mais, différence essentielle, on ne découvrit sur ces os aucune trace de violence, nulle morsure, nulle brisure, pas de traces du feu, etc. Ainsi l'on trouva, entre autres, le squelette d'une jambe d'ours des cavernes, dont les os avaient conservé leurs rapports naturels; d'où l'on peut conclure que cette portion de squelette a été apportée dans la grotte, encore intacte et recouverte de sa chair! En outre, on trouva dix-huit petites plaques d'une substance analogue à de la nacre. Ces plaques, qui provenaient d'un mollusque marin, le *cardium*, étaient toutes forées au centre; elles ont pu être enfilées et portées en collier. Enfin la grotte contenait encore un certain nombre de couteaux de pierre très-bien conservés et ne paraissant pas avoir servi; de plus, quelques instruments de corne, etc. *Dans l'intérieur de la grotte, nulle trace des charbons si nombreux à l'extérieur!*

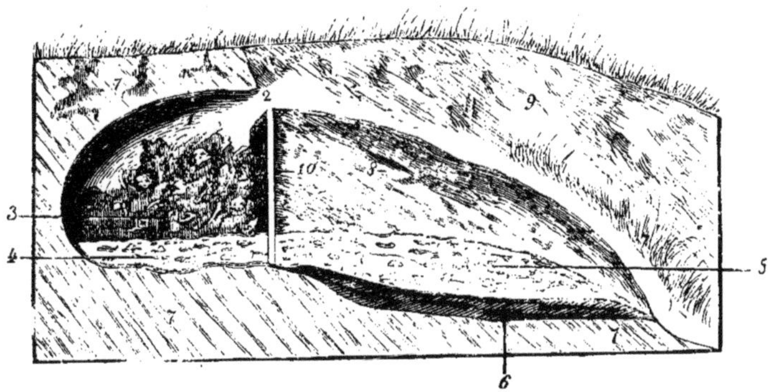

Fig. 1. — Coupe longitudinale de la grotte d'Aurignac.

1. Grotte interne. — 2. Trou de lapin. — 3. Ossements humains. — 4. Amas d'os et de provisions dans la grotte. — 5. Les mêmes en dehors. — 6. Couche de charbon. — 7. Rocher de la colline. — 8. Cailloux cachant la plaque de grès fermant la grotte. — 9. Talus de la colline avec cailloux. — 11. Plaque de grès.

(Reproduit d'après les *Leçons sur l'homme* par Carl Vogt. Paris, C. Reinwald.)

Dans une troisième exploration, M. Lartet examina les décombres provenant de la première fouille et amoncelés près de la grotte. Il y trouva beaucoup de silex travaillés, des os d'hommes et d'animaux, des dents, aussi des débris nombreux d'une poterie grossière, travaillée à la main et desséchée au soleil ou à de mi cuite, enfin divers objets destinés à l'ornementation, des bijoux sculptés dans les portions osseuses les plus dures.

La signification de cette remarquable découverte se déduit tout naturellement de ce qui vient d'être dit : évidemment la grotte d'Aurignac est un antique lieu de sépulture de l'âge de pierre, où l'on a successivement inhumé les restes de dix-sept personnes. Ces hommes étaient de petite stature. En dire plus est malheureusement impossible, puisque leurs squelettes n'ont pas pu être retrouvés. Les objets trouvés dans la grotte semblent indiquer qu'alors, suivant une coutume qui a été et est encore en vigueur chez les peuplades sauvages, on déposait dans la tombe, à côté du mort, de la viande, des instruments, des armes et même des objets destinés à la parure. La lourde plaque de grès placée devant l'entrée de la grotte servait évidemment à la fermer temporairement et à repousser les animaux sauvages.

Encore plus intéressante que la grotte elle-même est l'esplanade qui la précède et que nous avons décrite ; c'était évidemment là que les parents et les compagnons des morts inhumés célébraient le banquet des funérailles. D'incontestables preuves nous en sont fournies par l'âtre, les charbons, les os d'animaux trouvés, par la brisure de ces os, les traces de l'action du feu qu'on y remarque, par les instruments, qui vraisemblablement ont servi à racler les os pour en détacher la chair. Les assistants une fois partis, après avoir, comme cela se faisait à chaque inhumation, poussé la plaque de grès devant l'entrée de la grotte, les hyènes venaient nuitamment se régaler des cadavres; les traces de leurs morsures sur les os, leurs coprolithes le prouvent assez. Grâce à cette découverte, nous pouvons nous représenter assez exactement le genre de vie et les mœurs de l'Européen primitif dans un temps où il n'y avait point d'histoire et où l'Europe était hantée par ces grands et puissants quadrupèdes que l'on considère comme caractérisant une période géologique maintenant passée. C'est à tort que l'on a appelé cette période *antédiluvienne*, mais néanmoins, depuis lors, la faune a complétement changé. L'antique tableau qui se déroule ainsi devant nous, coïncide dans son ensemble avec ce que nous apprennent les relations des voyageurs sur les usages de peuplades lointaines et sauvages. Ainsi nous possédons, entre autres, une relation publiée par un voyageur anglais, John Carver, qui, dans les années 1766-1768, parcourut l'Amérique du Nord et assista à une cérémonie funéraire dans une tribu indienne qui habitait alors au confluent du Mississipi et du fleuve Saint-Pierre, dans l'État actuel de l'Iowa. La description contenue dans cette relation a la plus grande analogie avec ce que nous apprend la découverte d'Aurignac, et, comme le raconte sir Ch. Lyell (*Antiquité du genre humain*), elle a servi de modèle à notre grand poëte Schiller, qui, dans son poëme bien connu, *Nadowessische Todtenklage*, décrit tout à fait de la même manière les rites observés lors des funérailles d'un chef indien.

L'âge réel de la grotte d'Aurignac a été diversement apprécié par les savants. Que ces appréciations soient justes ou non, cette remarquable découverte ne nous autorise pas moins à formuler les conclusions suivantes :

1° Longtemps avant toute tradition et toute histoire, une race de sauvages, encore au début le plus grossier de la civilisation et très-analogues aux sauvages actuels, a existé en Europe;

2° Cette race était contemporaine du mammouth, du rhinocéros antédiluvien, de l'ours des cavernes, etc., d'animaux depuis longtemps disparus, et qui, selon une remarque déjà faite, sont considérés comme caractérisant une période géologique écoulée, ou comme antédiluviens (2).

Ces conclusions, qui reculent l'existence de l'homme sur la terre dans un éloignement tel qu'on ne le soupconnait même pas jusqu'ici, seraient pleinement justifiées, quand même nous n'aurions d'autre preuve que la découverte d'Aurignac. Mais le fait de l'antique existence de l'homme et de sa contemporanéité avec des animaux antédiluviens, ce fait si longtemps contesté avec une extrême violence et néanmoins parfaitement démontré aujourd'hui, ne repose pas seulement sur la découverte d'Aurignac. Nous avons cité cette découverte seulement comme exemple, comme échantillon; mais nous pouvons nous appuyer sur une série considérable de faits analogues observés dans presque toutes les contrées du globe, en Angleterre, en France, en Italie, en Espagne, en Allemagne, en Belgique et même en Amérique, en Asie, en Australie, etc. Partout les circonstances sont identiques ou analogues : ce sont partout des cavernes où l'on a trouvé mêlés à des ossements d'animaux antédiluviens soit des débris humains, soit des objets manifestement travaillés de main d'homme, et souvent les choses sont disposées de telle sorte, qu'après un examen minutieux on ne peut douter de la contemporanéité de l'homme et des animaux. Les découvertes de Schmerling et Spring dans les nombreuses cavernes belges sont d'une époque relativement plus ancienne; elles sont particulièrement célèbres, et, dès, 1833 et 1834, Schmerling en avait tiré la conclusion très-légitime de la contemporanéité de l'homme et des animaux diluviens ou antédiluviens[1]. Mais, grâce au préjugé alors régnant, les conclusions de

[1] Le livre dans lequel Schmerling a publié ses importantes observations a pour titre : *Recherches sur les ossements fossiles découverts dans les cavernes de la province de Liége*, 1833. « Il est impossible, dit le professeur Fuhlrott, de lire sans intérêt la relation de Schmerling ; on sent avec lui combien il est difficile de faire admettre une vue qui heurte les préjugés enracinés de l'époque. Et, en effet, ni la solidité de la démonstration de Schmerling, ni la conviction chaleureuse avec laquelle il la soutint ne purent alors lui gagner d'adhérents. »

Schmerling furent prêchées dans le désert, comme l'avaient été celles des savants français Tournal et Christol, qui, dès 1828 et 1829, avaient fait de pareilles découvertes dans les non moins nombreuses cavernes du midi de la France et en avaient tiré les mêmes conclusions. Les déductions formulées par le géologue anglais Buckland, dans ses *Reliquiæ diluvianæ* (1822), avaient eu le même sort, ainsi que celles du paléontologiste allemand le baron de Schlotheim, qui, en 1820-1824, avait fait à Géra, en Thuringe, dans une brèche osseuse, des découvertes d'après lesquelles il avait conclu à la contemporanéité de l'homme et des animaux diluviens. De même les intéressantes découvertes du naturaliste danois Lund, dans les nombreuses cavernes à ossements du Brésil, ne purent pas même convaincre leur auteur de la fausseté du préjugé qui le dominait. Depuis lors, bien des explorations minutieusement faites ont eu lieu en Angleterre, en France, en Belgique, dans beaucoup de cavernes à ossements, et çà et là dans le sol même de ces contrées; toutes ont conduit au même résultat. Parmi ces cavernes nous devons mentionner ici, tout spécialement, la caverne belge, appelée le *trou du frontal;* tout y est tellement identique ou du moins tellement analogue avec ce que l'on a trouvé dans la caverne d'Aurignac, que les deux cavernes se peuvent décrire presque dans les mêmes termes. Là aussi on trouva, dans une grotte fermée par une dalle de grès, les ossements de quatorze hommes de petite taille qui y avaient été inhumés ; devant la grotte était aussi une esplanade où avait lieu le repas funéraire, et, sur cette esplanade, un âtre portant les traces de l'action du feu, ainsi que des couteaux de silex, des ossements d'animaux, des coquillages, etc. en grand nombre.

Mais tous ces restes d'un antique passé avaient été, comme nous l'avons déjà dit, impuissants à renverser un préjugé invétéré et dominant sans conteste dans le monde savant. Aujourd'hui même, en dépit des preuves contraires, ce préjugé règne encore dans une certaine région scientifique et surtout dans le public étranger à la

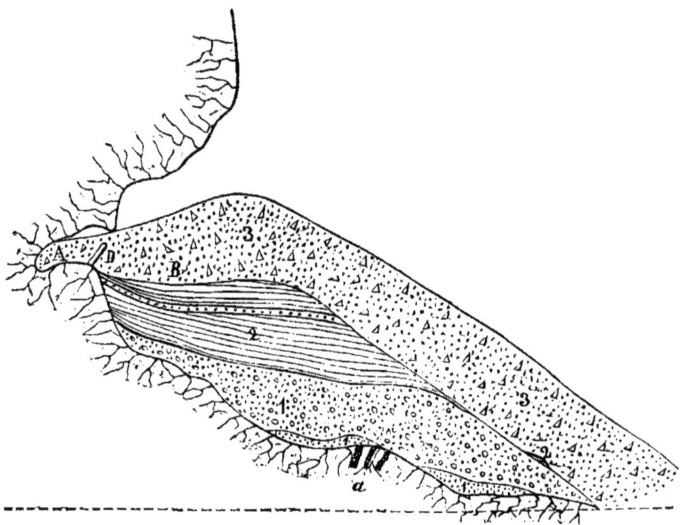

Fig. 2.— Coupe géologique du *trou du frontal*, à l'échelle de 0m,002 1/2 par mètre pour les longueurs et les hauteurs.

a. Argile d'origine hydrothermale produite par l'action qui a excavé la caverne. — 1. Sable et cailloux roulés. — 2. Limon fluviatile et gravier. — 3. Argile à cailloux anguleux. — A. Sépulture de l'âge du renne. — D. Dalle destinée à fermer la sépulture. — B. Restes des repas de l'homme de l'âge du renne, à la base de l'argile à cailloux anguleux. Ces restes de repas s'expliquent de la même manière que ceux observés par M. Lartet, à l'entrée de la grotte d'Aurignac. — R. Rocher formant les parois de la caverne.

(Reproduit d'après le Compte rendu du *Congrès international d'anthropologie et d'archéologie préhistorique*. 2e session, 1867. Paris, C. Reinwald.)

science. Il consiste à supposer que l'homme ne peut pas être plus ancien que la plus récente, la dernière de nos périodes géologiques, celle qu'on appelle l'alluvium. On désigne ainsi un terrain produit par l'action que nos fleuves actuels exercent sur leurs rives et leurs embouchures. Pendant cette période, la surface terrestre était essentiellement ce qu'elle est aujourd'hui; c'était le même équilibre de la terre et des eaux, le même monde vivant, faune et flore. D'après ce préjugé, il est très-vraisemblable que l'existence de l'homme ne remonte pas au delà d'une période antérieure au plus de quelques milliers d'années à l'ère chrétienne. Cette opinion préconçue, sanctifiée par l'âge et appuyée, comme on le croyait, par une grande autorité scientifique, fut, en outre, nourrie, fortifiée par une série de circonstances; les plus importantes furent nombre d'anciennes illusions au sujet des prétendus os humains fossiles (pétrifiés) que l'on reconnut plus tard être simplement des ossements d'animaux (3), et enfin la prétendue opposition du célèbre anatomiste et naturaliste G. Cuvier (4). Mais ce qui, plus encore que ces deux circonstances, contribua à faire méconnaître la vérité, c'est que ce préjugé s'accordait fort bien avec une vue philosophique très-répandue, qui, peu à peu, était devenue l'opinion favorite du public. Suivant cette opinion, l'homme étant la floraison suprême, la couronne de la création, ou, en quelque sorte, sa clef de voûte, n'a pu apparaître sur la scène de l'être avant la dernière, la plus récente période géologique, celle qu'on appelle *alluvium;* de plus, l'homme forme non-seulement le plus haut degré de perfection, mais aussi la conclusion dernière de toute la création organique.

Les recherches nouvelles menaçaient naturellement d'amoindrir ou même de réduire en poudre cette vue, cette opinion commode, et, comme la plupart des hommes, par amour du repos, du bien-être intellectuel, ne craignent rien tant que le renversement de leurs vieilles croyances, on versa pour lutter contre l'idée nouvelle la dernière goutte de son sang. Pourtant une circonstance était favorable aux adversaires de la nouvelle doctrine et les aidait beaucoup à combattre la conjecture de l'existence de l'homme fossile (5) et les inductions que suggéraient les cavernes à ossements.

Tant que l'on connut seulement les découvertes faites dans les grottes et dont nous avons parlé, on disait : En admettant même la réalité de toutes ces découvertes, de tous leurs résultats, comment se fait-il qu'il ne se rencontre aucun débris humain, aucune trace de l'activité humaine dans des terrains à l'air libre et antérieurs à l'alluvium, dans des couches qu'éclaire la pleine lumière du jour? Pourquoi trouve-t on invariablement ces restes dans des trous, des cavernes sombres, où il est toujours possible que les débris de l'homme et des animaux aient été charriés ensemble tardivement et accidentellement par un grand cataclysme ou par une autre action quelconque, et où surtout tant de particularités obscures, énigmatiques s'observent dans l'ensemble des découvertes?

Devant ces graves questions, l'investigation scientifique, qui ne se repose jamais, n'est pas restée sans réponse. C'est ici le lieu de raconter l'émouvante histoire d'un homme, qui, méconnu et dédaigné pendant vingt longues années, lutta vainement contre le grand préjugé de la jeunesse du genre humain et finit pourtant par triompher et être justement apprécié. Je veux parler du célèbre archéologue français, du découvreur de haches en silex antédiluviennes, Boucher de Perthes, d'Abbeville, dans la Somme. La Somme est un fleuve du nord de la France, de la Picardie. Elle se jette dans la Manche. Dans la plus grande partie de son cours, la Somme coule à travers des couches de craie blanche que recouvrent partiellement des terrains tertiaires. A ces couches tertiaires sont superposés des lits puissants de cailloux roulés, de sable, de gravier, d'argile, datant de la période diluviale

Fig. 3. — Coupe de la vallée de la Somme, près d'Abbeville, d'après Prestwich.

S. Somme. — M. Niveau de la mer. — 1. Tourbe dans la vallée — 2. Argile sous-jacente. — 3. Gravier reposant immédiatement sur la craie. — 4. Diluvium gris avec os et hachettes. — 5. Lehm calcaire ou loess. — 6. Lehm brun et terre végetale. — 7. Craie.

dont nous avons souvent parlé. Dans le voisinage des villes d'Amiens et d'Abbeville, ces couches furent mises à

Fig. 4. — Face. Fig. 5 — Profil.

Hache, type de Saint-Acheul, taillée de toute part.

(D'après les *Leçons sur l'homme* de C. Vogt. Paris, C. Reinwald.)

nu dans une grande étendue, ici pour l'exploitation de carrières à sable, là pour construire les fortifications d'Abbeville, ailleurs et dans des temps plus modernes, pour le tracé d'un canal et d'une voie ferrée (1830-1840). Déjà on avait trouvé dans ces couches diluviales, à une profondeur de 20 à 30 pieds, et près de la craie sous-jacente, des os d'animaux diluviens disparus (comme l'éléphant, le rhinocéros, l'ours, l'hyène, le cerf, etc.);

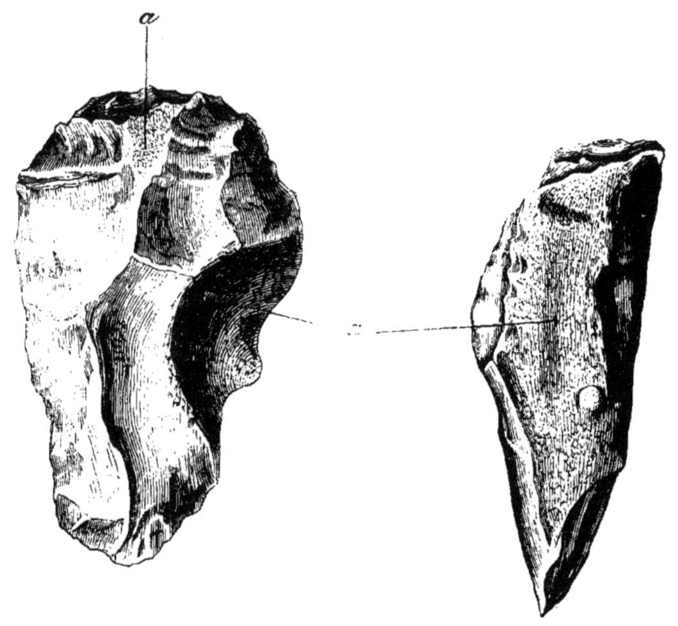

Fig. 6. — Face. Fig. 7. — Profil.
Hache, type de Saint-Acheul, grossièrement taillée et montrant encore, en *a*, *a*, l'enveloppe primitive du nodule de silex.

(D'après les *Leçons sur l'homme* de C. Vogt. Paris, C. Reinwald.)

on les avait envoyés à Paris, à Cuvier, qui les détermina et les décrivit. Ce fut là et à la même place que Boucher de Perthes trouva ces célèbres haches en silex, de la forme la plus grossière, qui ont renouvelé complétement la question de l'âge du genre humain. Il paraît que Boucher de Perthes avait, dans les années 1805 et

1810, vu, dans des cavernes italiennes, des silex ouvrés qui, à cause de leur coloration spéciale, lui avaient paru d'une haute antiquité. Ses connaissances archéologiques lui permettaient de distinguer ces haches en silex des Celtæ, c'est-à-dire des armes de pierres polies par le frottement, d'une époque beaucoup plus récente. Ces Celtæ, qui ont été trouvés en maint endroit, se voient en grand nombre dans toutes les collections d'archéologie. En 1838. Boucher de Perthes présenta, pour la première fois, les haches trouvées par lui à la Société scientifique d'Amiens, mais sans résultat. Ce fut sans beaucoup plus de succès qu'il porta les mêmes objets à Paris en 1839, En 1841, il commença à former sa collection depuis si célèbre. En 1847, parut son livre des *Antiquités diluviennes*. Mais cet ouvrage non plus n'excita aucune attention jusqu'au jour où, en l'année 1854, un savant français nommé Rigollot, jusqu'alors et depuis longtemps adversaire déterminé des vues de Boucher de Perthes, se convainquit par ses propres yeux de leur justesse et fit lui-même avec succès des recherches dans les environs d'Amiens. D'autres l'imitèrent bientôt, notamment des Anglais, et parmi eux le célèbre géologue sir Ch. Lyell, en présence duquel, en deux explorations, on ne retira pas moins de soixante-dix haches en silex ; puis vinrent les savants Prestwich, A. Gaudry et d'autres. Bientôt les hommes de science affluèrent de tous côtés ; tous ceux qui vinrent en personne et examinèrent eux-mêmes s'en allèrent convertis. A la vérité, comme on le suppose facilement, des objections de toute sorte s'élevèrent. On prétendit que ces haches étaient des produits naturels ; tantôt c'était une éruption volcanique, tantôt c'était la gelée qui les avait formées. D'autres, qui n'osaient pas en contester l'origine, voulaient qu'elles fussent arrivées dans les couches profondes, soit en s'enfonçant graduellement par leur propre poids, soit en tombant dans une crevasse du sol. Mais le peu de solidité de toutes ces objections ne tarda pas à être démontré. Plusieurs fois des commissions de savants se réunirent pour vérifier les faits, et parmi elles figuraient les noms les plus célèbres de France et d'Angleterre. Le résultat général de ces investigations se formula dans les importantes propositions suivantes :

1° Les haches en silex sont indubitablement l'ouvrage de l'homme ;

2° Elles se trouvent dans des couches diluviales vierges, c'est-à-dire non remaniées, non bouleversées par des accidents naturels, et la disposition de ces couches suppose un état de la surface terrestre essentiellement différent de l'état actuel ;

3° On trouve ces haches associées aux restes d'animaux antédiluviens, d'espèces actuellement éteintes, et elles attestent une antiquité du genre humain, qui remonte au delà de toute histoire, de tout souvenir[1].

Quant aux haches en silex, on en a peu à peu trouvé une telle quantité dans la vallée de la Somme, que leur nombre, il y a déjà quelques années, montait à plusieurs milliers, sans compter des milliers d'éclats, de rognures, de pièces inachevées, etc. Ces silex ouvrés, tirés des grands rognons de silex, si communs dans la craie blanche de la France, représentent en quelque sorte le premier, le plus bas degré de l'industrie humaine. On les obtenait en entre-

[1] Carl Vogt s'exprime de la même manière dans ses *Leçons sur l'homme* traduction française : « Il est aujourd'hui incontestablement démontré que ces armes de silex n'ont pu être fabriquées que par l'homme, qu'elles ne proviennent d'aucune cause naturelle, qu'elles se trouvent en grande quantité dans des couches intactes non remaniées et que sans doute elles sont contemporaines des animaux éteints que j'ai cités. » Et A. Laugel (*l'Homme antédiluvien*) dit aussi : « Les plus grands sceptiques avouent maintenant que les pierres trouvées en si grande quantité par Boucher de Perthes doivent à la main de l'homme leur forme et leur tranchant. »

choquant purement et simplement les masses siliceuses qui, par ce procédé, se fendaient en écailles, en éclats tranchants. Le silex (pierre à feu, pierre à fusil), quoique très-dur, se fend très-facilement, en dépit de sa dureté, surtout s'il est travaillé à l'état frais, alors qu'il est encore imprégné de l'humidité du sol, ou quand on le fait préalablement tremper longtemps dans l'eau. Une fois les gros morceaux de silex fendus, chaque pièce en était travaillée à petits coups jusqu'à ce qu'elle eût acquis une forme utile ; l'instrument était alors achevé (6). Que ce procédé ait été réellement employé et qu'il puisse conduire au but cherché, c'est ce qui a été expérimentalement démontré. Sur ces grossiers instruments de silex on ne trouve aucune trace d'un travail plus fini ; pas de polissage, pas de tranchant aiguisé, pas d'ornementation ; toutes choses habituelles pour les armes de pierre d'une époque postérieure. On ne trouve pas davantage de trou pour le manche, ni de cannelure extérieure ou d'encoche destinée à recevoir les doigts et à faciliter le maniement de la pierre. Ces haches de silex devaient être tenues à la main ou tout au plus fixées à un morceau de bois selon un procédé encore en usage chez beaucoup de peuplades sauvages, où l'on a coutume de placer l'arme de pierre entre les mors d'une branche fendue, en tâchant de l'y fixer par des liens solides, l'un au-dessus, l'autre au-dessous.

D'ailleurs, on ne trouve dans la vallée de la Somme, au lieu du gisement de ces haches, aucune autre trace d'industrie humaine, notamment aucun de ces ustensiles en corne, en os, en coquillage, etc., si fréquents dans les terrains plus jeunes, et qui, par exemple, ne font jamais défaut dans les nombreuses cavernes à ossements. D'où l'on doit conclure que les objets trouvés dans la vallée de la Somme sont, en tout cas, encore plus anciens que ceux de la caverne d'Aurignac, parmi lesquels on a rencontré un grand choix de cornes, d'os ouvrés et aussi des couteaux en silex, qui indiquent également un degré plus avancé de civilisation.

Nous pouvons donc considérer les haches en silex de la vallée de la Somme, que l'on désigne habituellement d'après leur lieu de provenance sous le nom de pierres ouvrées d'Amiens et d'Abbeville, comme les plus anciens vestiges d'industrie humaine connus jusqu'à ce jour, comme le début le plus barbare et le plus primitif de l'art humain. Que ce commencement, tout humble et tout grossier qu'il soit, a d'importance! quel profond intérêt il excite en nous! Car il nous montre par quels essais informes l'homme est obligé de débuter dans sa longue et pénible marche vers la civilisation, et combien est petite, combien est imperceptible à l'origine, cette culture de l'esprit destinée à atteindre plus tard un degré infini de grandeur et de puissance. C'est là le signe le plus propre à nous découvrir la grande et fondamentale loi de la nature et de l'homme ; elle proclame, cette loi, que tout ce que l'humanité et l'univers possèdent ou acquièrent de grand et de merveilleux, n'est point un don gratuit tombé du ciel, mais le produit d'un développement lent, pénible, bien simple, bien grossier au point de départ, le fruit d'une évolution graduelle des forces et des facultés qui sommeillent dans la nature et dans l'homme : « *Évolution*, mot magique! par lui nous arrivons à la solution de toutes les énigmes qui nous entourent, ou du moins nous nous approchons de cette solution. » Häckel, *Histoire de la création naturelle.* (Traduction française. Paris. C. Reinwald, 1874.)

« Ne dédaignons donc pas, dit le célèbre découvreur

des haches en silex, Boucher de Perthes, dans son excellent écrit sur l'homme antédiluvien (*De l'Homme antédiluvien*, Paris, 1860), ne dédaignons pas ces premiers essais de nos pères ; s'ils ne les avaient pas faits, s'ils n'avaient pas persévéré dans leurs efforts, nous n'aurions ni nos villes, ni nos palais ni ces chefs-d'œuvre qu'on y admire. Le premier qui frappa un caillou contre un autre pour en régulariser la forme donnait en même temps le premier coup du ciseau qui a fait la Minerve et tous les marbres du Parthénon. »

Du reste, il ne faut pas oublier de remarquer qu'actuellement la vallée de la Somme n'est plus l'unique endroit où l'on ait trouvé les grossiers ustensiles de silex ci-dessus décrits. Une fois ces haches bien connues, une fois l'attention générale fixée sur elles, on en découvrit dans beaucoup d'autres localités françaises, par exemple dans la vallée de la Seine, où leur gisement dans le diluvium le plus inférieur, à côté des os d'espèces animales diluviennes, a été très exactement constaté par Gosse. On en a aussi trouvé en beaucoup d'autres points de l'Europe, de l'Asie, de l'Amérique, etc. ; et là encore on les a rencontrées également dans les couches quaternaires ou diluviales en compagnie de ces restes d'animaux éteints déjà signalés ; là aussi les produits d'une industrie humaine plus avancée faisaient pareillement défaut. On ne voit pas toujours les ustensiles de silex mêlés avec les os des animaux dans un état d'isolement ; parfois on trouve des fragments entiers de squelette dont les os ont gardé leurs rapports normaux (Baillon), ce qui écarte déjà toute idée de mélange accidentel ou de transport par un courant. Une découverte très-probante de ce genre a été faite à Madrid, sur la rive du Manzanarès, par Casiano de Prado. Là, en 1845-1850, on rencontra dans le sable diluvien une portion considérable d'un squelette de rhinocéros et bientôt aussi un squelette presque complet d'éléphant ; puis, dans une couche de cailloux roulés située au-dessus de ce sable diluvial à ossements, on trouva des haches de silex taillées de main d'homme. Cette découverte, selon Charles Vogt (*Archives d'anthropologie*, 1866, fascicule I), lève toute espèce de doute.

Le plus habituellement les haches de silex ont été jusqu'ici trouvées dans les anciens lits des fleuves, en Angleterre et en France (en Angleterre, on en a aussi rencontré sur plusieurs points du rivage de la mer). Le nombre de ces haches, d'abord très-petit, est peu à peu devenu si considérable, que sir John Lubbock évalue à trois mille le chiffre des ustensiles en silex de cet âge de pierre le plus ancien, qu'il appelle *paléolithique*, en comptant seulement ceux qui ont été déterrés dans le nord de la France et dans le sud de l'Angleterre. De ces ustensiles pas un n'est poli, et l'on ne trouve pas non plus parmi eux de métal, de poterie, d'objets travaillés en os, en cornes, etc.

Quand les découvertes de la vallée de la Somme furent connues, on se souvint, en Angleterre (et ce fait historiquement certain est très-remarquable), que déjà en l'année 1797 de semblables haches en silex avaient été extraites en grand nombre, à une profondeur de douze

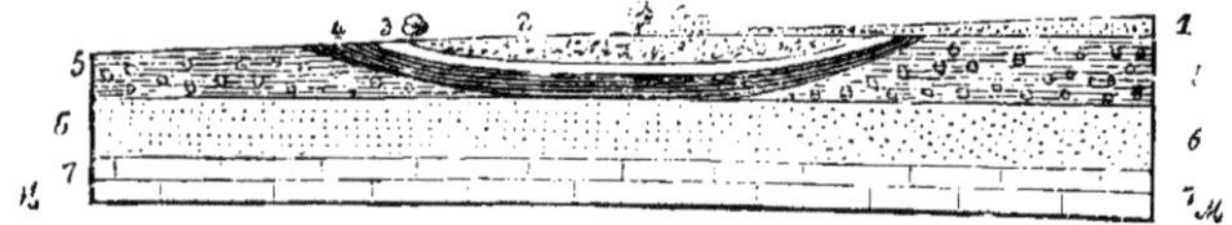

Fig. 8. — Coupe de Hoxne, d'après Prestwich.

MM. Niveau de la mer. — 1. Sable supérieur recouvrant en partie le bassin. — 2. Sable supérieur du bassin. — 3. Sable inférieur à ossements et haches. — 4. Argile tourbeuse employée pour la brique. — 5. Boue glaciaire (Bouldereclay) avec blocs erratiques. — 6. Sable et gravier inférieurs. — 7. Craie.

pieds, d'un terrain à briques exploité à Hoxne, dans le

comté de Suffolk. Avec ces haches étaient des os d'animaux antédiluviens; n'en sachant que faire, on les jeta à pleins paniers sur la chaussée voisine. Cependant un archéologue anglais, John Frère, avait remarqué ce fait, et il en fit l'objet d'un mémoire communiqué à la Société archéologique anglaise dans l'année 1801, mais on n'y attacha alors aucune importance. Pourtant Frère avait déjà très-justement remarqué que les objets découverts provenaient d'une époque très-reculée et même remontaient à une période antédiluvienne. Si court que soit son écrit, il contient l'essence de toutes les découvertes, de toutes les spéculations postérieures au sujet de l'âge du genre humain. Dès l'année 1715, même à Londres, on avait extrait d'une carrière de semblables ustensiles en silex du type le plus ancien; des os d'éléphants les accompagnaient; mais alors on était encore moins capable d'en tirer des déductions justes (7).

Ce qu'il y a de remarquable, c'est la grande analogie de toutes ces haches, qu'elles aient été trouvées en France ou en Angleterre. Elle est telle, que les ouvriers carriers les ont désignées en bloc, d'après leur forme, par le nom de « langues de chats. » On peut dans une certaine mesure expliquer cette circonstance, si l'on remarque, qu'à l'époque diluvienne l'Angleterre et la France n'étaient pas séparées par la Manche ; un isthme unissait les deux pays, dont les habitants pouvaient par conséquent facilement communiquer ensemble.

Enfin c'est ici le lieu de remarquer que les cavernes ont aussi fourni un riche butin de grossiers ustensiles en pierre, particulièrement de couteaux en silex; mais pourtant ces pierres ouvrées sont pour la plupart d'un type assez différent, et elles appartiennent à une époque quelque peu postérieure.

En voilà assez sur les haches en silex diluviennes, dont les grands musées de Londres, de Paris, etc., offrent d'ailleurs des spécimens nombreux et remarquables. On a cherché à amoindrir leur importance au sujet de la haute antiquité du genre humain en demandant : Pourquoi donc ne trouve-t-on pas avec ces haches d'autres reliques de l'homme, et spécialement des ossements d'hommes, puisque l'on trouve bien ceux des animaux? Cette objection, ardemment utilisée par les adversaires de la nouvelle doctrine, laissait place en effet à bien des doutes. Dans son livre déjà cité par nous, Lyell donna du fait en litige une explication très-ingénieuse, et à notre sens tout à fait suffisante. Mais cette explication est devenue sans objet, depuis que le découvreur même des haches en silex, Boucher de Perthes, a réussi à satisfaire aussi à ce desideratum. Le 28 mars 1863, il déterra lui-même dans une carrière, dans le gisement même des haches en silex, à une grande profondeur et tout près de la craie sous-jacente, une mâchoire humaine devenue depuis si célèbre sous le nom de mâchoire de Moulin-Quignon.

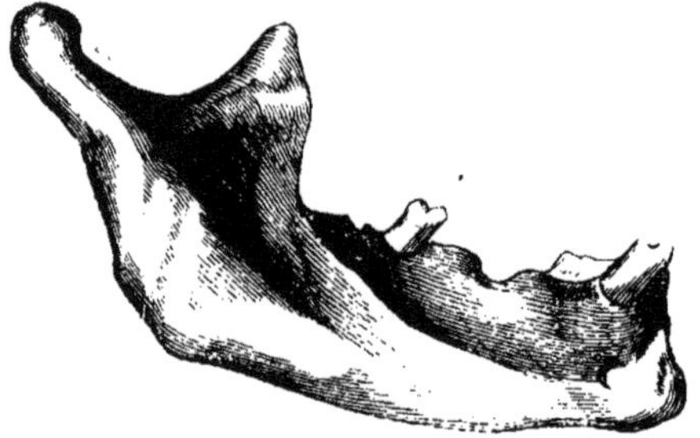

Fig. 9. — Mâchoire de Moulin-Quignon.
(D'après les *Leçons sur l'homme* de C. Vogt.)

Cette mâchoire, actuellement dans la galerie anthropologique du Muséum de Paris, est d'une coloration foncée, d'un noir bleu, et par sa conformation elle se rapproche quelque peu de l'animalité. Il est vrai que des objections contre l'authenticité de ce maxillaire furent soulevées, surtout de la part des savants anglais, peut-être un peu jaloux, et elles suscitèrent dans le monde scientifique de longs débats. Pourtant, le 13 mai 1863, une commission savante internationale décida que la mâchoire et son gisement étaient bien authentiques et que, de plus, cette mâchoire était contemporaine des haches en silex du diluvium (8). Jusqu'au 16 juillet 1864, cette intéressante découverte resta isolée. A cette date, Boucher de Perthes trouva presque au même endroit, à une profondeur de trois mètres et dans des conditions analogues, un certain nombre d'ossements humains. Ces ossements avaient le même aspect que le maxillaire en question, et parmi eux se trouvait un crâne dont la forme indiquait une race très-inférieure.

Ce ne sont point là d'ailleurs les seuls os humains fossiles qui aient été trouvés en dehors des cavernes. Dans son livre célèbre sur l'*Antiquité du genre humain*, Lyell en énumère un grand nombre appartenant même à une époque relativement plus ancienne, par exemple l'homme fossile de Denise découvert par le docteur Aymard dans la France centrale, en Auvergne, dans l'année 1844. Ces restes humains furent trouvés dans le tuf d'un ancien volcan, depuis longtemps éteint. Il faut donc que l'homme à qui ces débris ont appartenu ait vécu alors que le volcan était en activité. Or cette activité remonte à une période géologique depuis longtemps écoulée, puisque des ossements de l'hyène des cavernes et d'hippopotame ont été trouvés dans les blocs de tuf analogues du pays. Citons encore l'homme fossile des Natchez (Amérique du Nord), trouvé à la suite d'un tremblement de terre en compagnie d'ossements de mastodonte et de mégalonyx, animaux éteints et contemporains d'une époque géologique écoulée, dans le ravin du mammouth. Mentionnons aussi un squelette humain trouvé par Ami-Boué, en 1823, dans le lœss du Rhin, près de Lahr, dans le duché de Bade, non loin de Strasbourg, de même que les ossements fossiles humains, découverts à Eguisheim, en Alsace, dans la même couche géologique (9). Or ce lœss est un produit de la période glaciaire. Ajoutons à notre énumération un maxillaire inférieur humain provenant du lœss de Maestricht (Belgique) que le tracé d'un canal fit découvrir (1815-1822). Des ossements d'animaux antédiluviens accompagnaient cet os, qui est maintenant au musée de Leyde.

L'état de ces os et celui du terrain ambiant étaient tels que, s'il se fût agi d'os d'animaux, personne n'eût émis le plus léger doute sur leur fossilité. Mais c'étaient des os humains, le doute parut donc très-légitime; tant le préjugé général est tenace! Aujourd'hui néanmoins Lyell, qui les a presque tous examinés, les déclare incontestablement fossiles, c'est-à-dire provenant d'une époque géologique antérieure à la nôtre. Même décision de Lyell

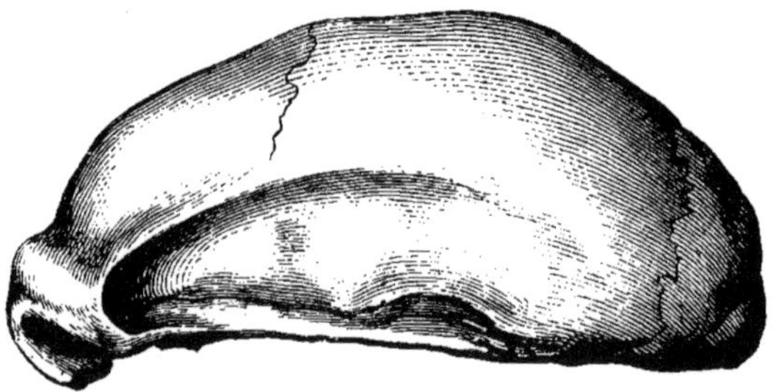

Fig. 10. — Crâne de Néander, vu de profil, d'après un moule de plâtre. (*Leçons sur l'homme* par C. Vogt.)

relativement au célèbre squelette de Néanderthal, qui, en 1856, fut trouvé dans une caverne calcaire de la vallée de Néander, près de Düsseldorf (10). Il sera parlé plus longuement du crâne de Néander, car il offre un intérêt tout spécial pour l'histoire primitive de l'homme.

Depuis le livre de Lyell d'ailleurs, on a publié toute une série de faits analogues. Les os humains trouvés dans divers lieux, aussi bien au dedans qu'au dehors des cavernes, paraissaient aussi sûrement, aussi légitimement fossiles. Les énumérer ici plus exactement nous entraînerait trop loin (11). Pourtant, à l'occasion d'une autre étude analytique, certains d'entre eux seront l'objet d'une mention plus détaillée.

Mais nous n'avons pas épuisé toutes les preuves de la haute antiquité de l'homme. Il reste encore une troisième série d'arguments. Nous les allons parcourir ici très-rapidement en les empruntant presque uniquement au célèbre savant, à l'infatigable paléontologiste français E. Lartet. Pour le paléontologiste et le zoologiste, ces preuves ne laissent subsister aucun doute au sujet de la contemporanéité de l'homme et des animaux diluviens, quand même on pourrait soupçonner que les terrains où gisent les ossements ont subi des remaniements postérieurs (12). *Ces preuves consistent dans la constatation des traces laissées par la main de l'homme sur des ossements d'espèces antédiluviennes.* Déjà avant Lartet on avait observé des faits analogues. Ainsi, en Suède et en Islande, on avait découvert sur des os de *bos priscus* (bœuf ancien) et de cerf géant des traces de blessures faites de main d'homme et du vivant des animaux. On prétendait avoir constaté le même fait en Amérique sur des os de mastodonte. Mais E. Lartet le premier donna de la notoriété à ce fait en étudiant la question plus soigneusement et plus sérieusement. Il signale en France neuf espèces animales diluviennes caractéristiques : l'ours des cavernes, le lion des cavernes, la hyène des cavernes, le mammouth, le rhinocéros à narines cloisonnées, le cerf géant, le renne, l'aurochs et l'urus. Puis il distingue quatre périodes successives : celle de l'ours des cavernes est la plus ancienne ; vient ensuite celle du mammouth et du rhinocéros; celle de l'urus est la plus récente. Sur les os de presque tous ces animaux Lartet a constaté les traces incontestables de l'action humaine. Les lésions avaient été produites pendant la vie de l'animal ou quand les os étaient encore frais. Les os étaient ou entaillés par des blessures, ou travaillés, ou brisés. Le dernier cas était le plus fréquent, et l'unique raison en est que l'on en avait voulu extraire la moelle. Ce fut, paraît-il, pour nos ancêtres des temps les plus reculés un mets fort recherché, comme il en est de même encore aujourd'hui chez beaucoup de peuples sauvages et civilisés (15). Sur beaucoup d'os on voit aussi une striation particulière; il semble que l'on en ait raclé la chair avec des couteaux ou des éclats de silex.

Ce n'est pas tout encore. Ainsi l'on trouve des traces nombreuses de travail artistique, des dessins, des sculptures ébauchées, etc. Ce sont de grossières figures, des esquisses représentant le plus souvent les animaux qui vivaient à cette époque; elles avaient été gravées avec un silex sur des os et des bois de renne, de cerf géant, etc. On trouva aussi aux mêmes endroits des morceaux, des lames de schiste, sur lesquels on avait gravé des esquisses d'animaux, notamment celles de l'élan, du renne et même d'animaux plus anciens encore, par exemple du mammouth ou éléphant à longs poils, etc. On a même trouvé sur un morceau de bois de renne un dessin très-imparfait, figurant un homme entre deux têtes de chevaux bien nettement représentées. Sans doute ces dessins sont très-grossiers, souvent d'une grande naïveté; c'est l'art dans son enfance; mais pourtant, d'après le témoignage unanime de ceux qui les ont vus, on y reconnaît au premier coup d'œil les animaux ou les objets que l'artiste a voulu représenter. Par exemple, le renne et le mammouth sont très-distinctement dessinés (14). De même M. de Lastic a trouvé dans la caverne de Bruniquel, sur les bords de l'Aveyron, un os ciselé sur lequel sont représentées une tête de cheval très-reconnaissable et une tête de renne non moins facile à reconnaître à la forme de son bois. On a aussi trouvé un manche de poignard en os ou en ivoire représentant le corps entier d'un renne. Le plus souvent les pièces gravées, travaillées et adaptées aux usages les plus divers, sont en bois de renne.

E. Lartet a découvert et fait connaître en tout dix-sept endroits où ces essais artistiques ont été trouvés et où, selon lui, l'homme a indubitablement vécu avec les animaux ainsi figurés. Ce fut en l'année 1864 que lui et Christy présentèrent pour la première fois un certain nombre de ces pièces à l'Académie des sciences de Paris, et ils convainquirent par là les plus incrédules. Ces objets provenaient des cavernes de la Dordogne, si riches en ossements (15). Mais quelques années plus tard la quantité de ces étonnantes reliques était devenue si grande que, lors de l'Exposition internationale de Paris, en 1867, on put, en leur associant les autres pièces démonstratives de l'existence préhistorique de l'homme, en garnir une pleine vitrine. Un archéologue français bien connu, M. Gabriel de Mortillet, termine en ces termes un rapport sur cette partie de l'exposition :

« La contemporanéité de l'homme et des dernières espèces animales éteintes, la contemporanéité de l'homme et du renne indigène en France est largement, solidement, irrévocablement prouvée par la découverte des produits de l'industrie humaine abondamment mélangée avec les débris de ces animaux éteints ou émigrés dans des couches quaternaires intactes et au milieu des dépôts de cavernes qui n'ont jamais été remaniés. Sous ce rapport, les vitrines qui garnissent la partie gauche de la première salle de l'histoire du travail français ne peuvent laisser aucun doute. Elles suffisent grandement pour convaincre les plus incrédules, les plus obstinés.

« La vitrine de l'art de l'époque du renne fournit pourtant une démonstration encore plus péremptoire. L'homme a parfaitement représenté non-seulement le renne, animal émigré, mais encore le grand ours des cavernes, le tigre des cavernes, le mammouth, animaux éteints, et cela habituellement sur les dépouilles du renne et du mammouth eux-mêmes. L'homme était donc bien incontestablement le contemporain de ces animaux, dont il utilisait diverses parties et qu'il figurait si exactement. Il ne peut y avoir de démonstration plus convaincante. » (*Revue des Cours scientifiques*, 1867, p. 705.)

Les découvertes de Lartet et de ses successeurs ont trait seulement aux ossements des espèces diluviennes que nous avons nommées. Mais, dans ces dernières années, d'autres découvertes faites dans la même direction par un savant français, M. Desnoyers, ont été publiées, et si elles sont exactes, elles font remonter l'antiquité de l'homme jusqu'à une époque à laquelle personne n'avait encore osé songer, en dehors du moins des conjectures purement hypothétiques. Il s'agit de traces de l'action humaine sur des os d'animaux appartenant à la période tertiaire. Ces os ont été trouvés en France dans les couches de gravier de Saint-Prest, près Chartres, et les traces qu'ils portent seraient tout à fait analogues à celles observées sur les ossements de l'époque diluvienne. On sait que lapériode dite tertiaire est la troisième et dernière des trois grandes divisions suivant lesquelles on a classé les terrains à fossiles et même les phases géologiques (époques primaire, secondaire, tertiaire). L'époque diluvienne a succédé immédiatement à cette période tertiaire. Lyell, qui a examiné les pièces du procès, tient pour vraisemblables les conclusions qu'on en tire ; pourtant c'est en termes dubitatifs qu'il s'exprime à ce sujet dans son *Antiquité du genre humain.* Au contraire, Charles Vogt (*Leçons sur l'homme* et *Archives d'anthropologie*) déclare la découverte certaine, incontestable. A ses yeux, la couche géologique qui a fourni les ossements est à coup sûr tertiaire, c'est-à-dire géologiquement plus vieille que les formations diluviennes de la France. Selon lui, ces terrains sont caractérisés par les ossements de l'*elephas meridionalis* et sont d'une époque qui a sûrement précédé la période glaciaire et les âges de l'ours des cavernes, du mammouth et du rhinocéros. Un savant français, M. de Quatrefages, se range aussi à l'opinion de M. Desnoyers, dont le travail, dit-il, peut supporter l'examen le plus sévère et le plus minutieux. Le témoignage de M. Desnoyers a d'autant plus de valeur que, jusqu'en 1845, ce savant comptait parmi les adversaires les plus décidés de l'existence d'un homme fossile. Dans la plus récente édition de son œuvre, M. Lyell est devenu plus sceptique quant aux découvertes de M. Desnoyers, et il croit que les traces sur les ossements de Saint-Prest peuvent avoir été produites par les dents d'animaux rongeurs. Il ajoute que M. Desnoyers lui-même avait accepté cette explication dans une certaine mesure.

Pourtant le fait dont il est ici question a acquis une valeur bien plus grande à la suite d'une communication faite par l'abbé Bourgeois au Congrès international d'archéologie et d'anthropologie préhistoriques tenu à Paris

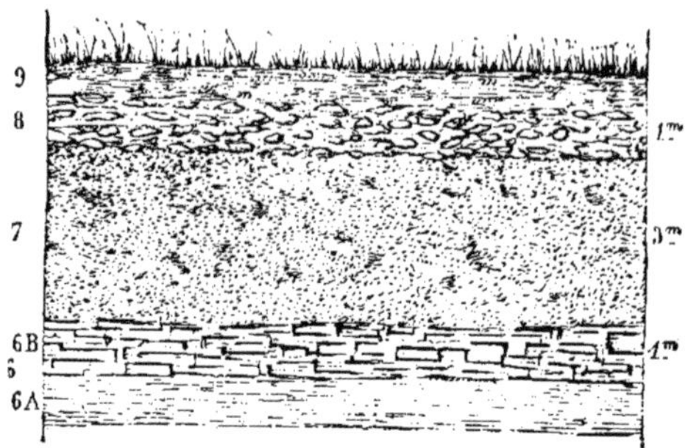

Fig. 11. — Coupe prise à l'entrée du chemin qui conduit à Choussy, commune de Thenay (Loir-et-Cher).

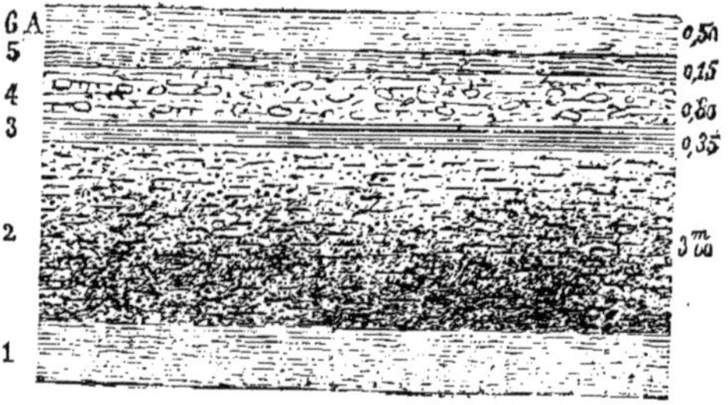

Fig. 12. — Coupe prise à la marnière de M. A. Chaumais, sur la rive gauche du ruisseau, à Thenay.

9. Alluvion quaternaire avec silex polis et silex du type de Saint-Acheul. — 8. Faluns; silex taillés. — 7. Sables de l'Orléanais; silex taillés. — 6. B. Calcaire de Beauce compacte; sans silex taillés. — 6. A. Calcaire de Beauce à l'état de marne; sans silex. — 5. Marne argileuse avec *Acrotherium*; silex taillés très-rares. — 4. Marne avec nodules de calcaire; silex taillés. — 3. Argile; principal gisement des silex taillés. — 2. Mélange de marne lacustre et d'argile; quelques silex taillés. — 1. Argile à silex; sans silex taillés.

en 1867. Dans ces mêmes couches tertiaires de Saint-Prest, où M. Desnoyers avait trouvé des os travaillés, M. Bourgeois a découvert aussi des haches en silex ou des armes de pierre. Il déclara en outre que, dans les terrains également tertiaires de la commune de Thenay, près Pontlevoy (Loir-et-Cher), il avait trouvé de nombreux silex ouvrés, et de cette découverte aussi bien que de quelques autres il conclut à l'existence de l'homme à une

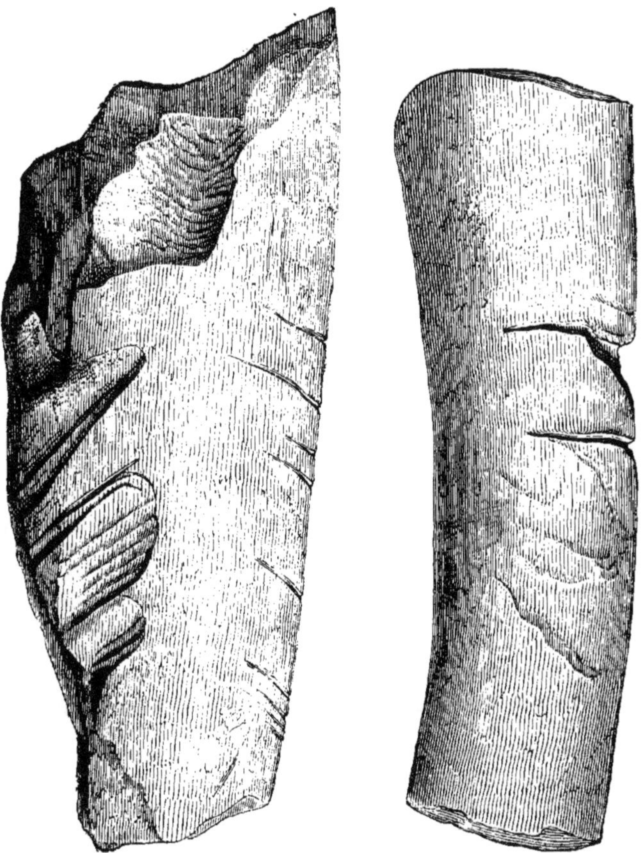

Fig. 15. — Côtes de *halitherium*, des faluns de Pouancé, avec incisions. (Coll. Bourgeois et Delaunay, gr. naturelle.)

époque très-reculée, atteignant même la période tertiaire. M. Bourgeois ajouta que M. l'abbé Delaunay avait découvert, dans les faluns des environs de Pouancé (Maine-et-Loire), des côtes et un humérus de *halitherium*, profondément entaillées par un instrument tranchant. Or le *Halitherium* est un cétacé herbivore de la période miocène ou tertiaire moyenne.

Enfin M. A. Issel fit au même congrès une communication au sujet d'os humains fossiles offrant les caractères d'une très-haute antiquité, et qu'il affirma avoir été trouvés en Ligurie, dans l'enceinte même de la ville de Savone, dans des couches pliocènes, c'est-à-dire dans le dernier étage des terrains tertiaires (voy. le *Compte rendu du Congrès international d'anthropologie et d'archéologie préhistorique*. Paris, 1868). Des renseignements plus précis sur ce sujet se trouvent dans un article de M. A. Favre, sur l'homme tertiaire, dans la *Revue des Cours scientifiques*, 1869-1870, pag. 267 ss.

Il faut naturellement attendre du temps et d'une critique plus minutieuse la confirmation de ces étonnantes découvertes. Mais si elles sont authentiques, elles fortifieront les conjectures des penseurs qui, s'appuyant sur des arguments purement théoriques, croient devoir reculer l'apparition de l'homme sur la terre jusque dans la dernière subdivision, peut-être même dans les deux autres subdivisions plus anciennes de la grande époque tertiaire.

Nous avons épuisé, du moins d'une façon générale, l'énumération des preuves de l'existence antédiluvienne de l'homme. Mais il faut mentionner à la suite de cette démonstration que, même en négligeant les époques dites antédiluviennes, notre époque, notre période géologique actuelle, celle que l'on appelle alluvium, terrain de nouvelle formation, plaide aussi pour une très-haute ancienneté du genre humain, pour une antiquité qui laisse bien loin derrière elle les temps historiques et la tradition biblique. En effet, tandis que l'on ne peut assigner tout au plus à cette dernière tradition qu'une antiquité de cinq à sept mille années, la durée de l'alluvium embrasse, selon les évaluations des géologues, une centaine de milliers d'années au moins et laisse ainsi à l'existence de l'homme préhistorique un énorme laps de temps.

En outre, la démonstration de cette antiquité alluvienne a sur celle des époques plus anciennes cet avantage qu'elle découle immédiatement des faits et non pas d'une déduction. Les découvertes faites dans les terrains d'alluvion sont maintenant très-nombreuses, très-variées, et nous devons nous borner à ne citer ici que les plus connues, simplement à titre d'exemples.

Ainsi, en 1851-54, en creusant dans le delta du Nil, dans la basse Égypte, on trouva des objets travaillés par la main de l'homme et des fragments de poteries, à une profondeur de 60 à 70 pieds; de telle sorte que, si l'on évalue à 5 pouces l'épaisseur du dépôt d'alluvion formé en cent ans, l'antiquité de ces vestiges humains atteint de 14,400 à 17,300 ans. Que si, avec M. Rosière, on estime seulement à 2 pouces 1/2 la couche formée en un siècle, on arrive alors à une antiquité de 30,000 ans pour un morceau de brique rouge trouvé par Linant-Bey, à une profondeur de 72 pieds. Burmeister admet que le sol de la basse Égypte s'exhausse de 3 pouces 1/2 par siècle et que, depuis l'apparition de l'homme dans cette contrée, 200 pieds d'alluvion ont été déposés; conséquemment il assigne à l'homme dans ce pays une antiquité de 72,000 ans (voy. ses *Lettres géologiques*). — En Suède on a déterré une cabane de pêcheur vieille au moins de 10,000 ans et, dans le même pays, une découverte analogue a encore été faite. En creusant un canal entre Stockholm et Gothemburg, on a trouvé sous un dépôt d'osars ou blocs de pierre erratiques, à angles tranchants, déposés par les glaces, dans la couche la plus profonde du sol, un âtre de pierres avec des morceaux de charbon de bois, d'où il ressort qu'à cet endroit l'homme a vécu pendant et même avant la période glaciaire. — En Floride (Amérique du Nord), on a trouvé des fragments de squelette humain dans un banc de corail dont l'âge a été évalué par Agassiz à 10,000 ans au moins. — Dans le delta du Mississipi, en creusant pour bâtir une usine à gaz, à la Nouvelle-Orléans, on trouva, sous six couches distinctes d'alluvion, à une profondeur de 16 pieds, des os humains, et parmi eux un crâne ayant tous les caractères des races de l'Amérique du Sud; le docteur Dowler en évalue l'antiquité à 50 ou 60,000 ans. Maintes fois on a contesté cette évaluation, maintes fois on a cherché à l'amoindrir; pourtant ce calcul est inattaquable, si l'on en croit Ch. Vogt, qui le cite tout au long dans ses *Leçons sur l'homme*. Selon M. Broca, tous les efforts faits pour rapprocher de notre époque l'antiquité de ce crâne célèbre

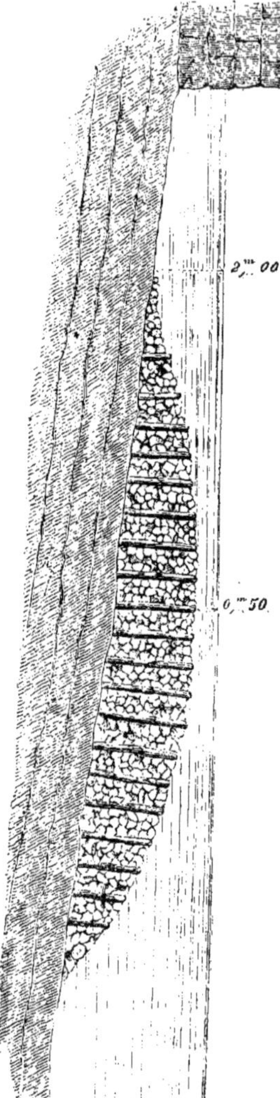

Fig. 14. — Coupe de la Tenevière (ou Palafitte) de Hauterive (lac de Neuchâtel), d'après E. Desor, *les Palafittes*.

n'ont pu abaisser cette antiquité à moins de 15,000 ans. — Lyell (*Antiquité du genre humain*) parle d'un terrain ancien, de formation marine, à Cagliari (Sardaigne) ; dans ce terrain on a trouvé des poteries qui ne peuvent avoir moins de 12,000 ans.

A Villeneuve, sur le bord du lac de Genève, pour le tracé d'un chemin de fer, on fit une tranchée, il y a quelques années, dans un amas alluvial en forme de cône, déposé par un torrent ; or le docteur Morlot, après avoir examiné les objets contenus dans ce terrain, évalue à 7 ou 10,000 ans l'antiquité de l'homme en ce lieu (16).

A cet ordre de faits se rattachent les célèbres palafittes ou habitations sur pilotis de la Suisse et de l'Italie, qui ont fait tant de bruit dans ces dernières années et ont mis hors de doute l'existence antique, préhistorique en Europe d'un peuple dont la moitié de la vie se passait sur l'eau, mais au sujet duquel l'histoire se tait (17).

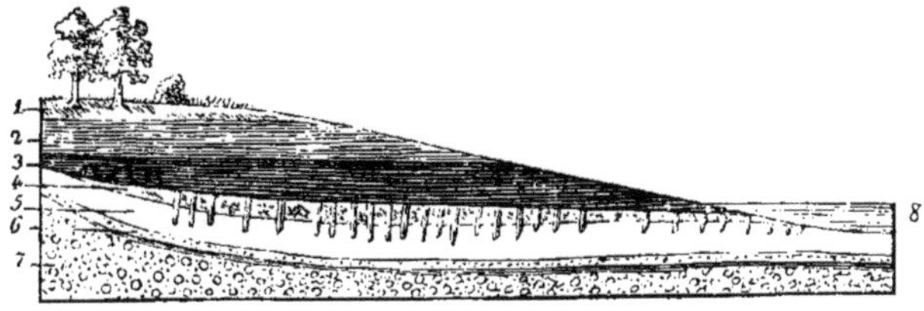

Fig. 13. — Coupe d'une construction sur pilotis dans une tourbière, d'après Vogt, *Leçons sur l'homme*.

1. Terre végétale. — 2. Tourbe. — 3. Tourbe plus compacte renfermant de vieux arbres. — 4. Couche archéologique à pilotis, qui sont plantés dans le blanc-fond, 5. — 6. Couche de sable. — 7. Gravier grossier. — 8. Niveau actuel des eaux.

De leur côté, les vastes tourbières du Danemark et de l'Islande nous ont conservé des preuves nombreuses de la haute antiquité de l'homme dans ces régions (18).

Il faut ajouter à tous ces faits les antiques monticules (mounds) ou ouvrages en terre des vallées du Mississipi et de l'Ohio en Amérique. Ils prouvent que là aussi, longtemps avant le chasseur peau-rouge, un peuple déjà assez civilisé occupait et cultivait la contrée (19). Signalons enfin les remarquables amas de coquillages ou Kjökkenmöddings (débris de cuisine) du Danemark; ce sont d'énormes monceaux de coquilles de mollusques, notamment d'huîtres, situés sur le rivage de la mer. Ces mollusques ont servi à nourrir l'homme primitif, qui ensuite en a rejeté les écailles. Souvent ces monceaux ont 1,000 pieds de longueur sur 100 à 200 pieds de largeur et 5 à 10 pieds de hauteur. On les trouve sur les côtes de la Zélande, du Jutland, de l'île de Fionie, de Moën, de Samsoé, etc., et sur celles de la Suède. Toujours on les rencontre le long des bras de mer et des criques, là où la mer brise avec le moins de force; le plus habituellement ils sont immédiatement sur le bord de la mer, à moins que des alluvions ou un exhaussement du sol ne les en aient éloignés. Dans ces amas de coquillages on trouve toujours des preuves incontestables de l'existence de l'homme, par exemple des armes, des ustensiles de pierre, de corne, d'os, des fragments de poterie grossière, des coins, des couteaux de pierre en grand nombre; nulle trace au contraire de blé, de bronze, d'acier, de fruits cultivés, d'animaux domestiques, le chien excepté. Les nombreux ossements d'animaux que l'on trouve dans les débris de cuisine appartiennent le plus souvent au bœuf primitif, à l'aurochs, au cerf, au chevreuil, au porc sauvage, au renard, au loup, au castor, au chien de mer, etc. On avait fendu tous les os à moelle pour en extraire le précieux aliment qu'ils contenaient; pas d'os humains dans les débris de cuisine, vraisemblablement parce que ceux qui les ont amoncelés avaient l'habitude de brûler leurs morts[1]. Ces amas de coquillages

[1] Grâce aux efforts d'un archéologue danois, M. Worsaæ, le Musée des

doivent être très-anciens, et même ils doivent remonter à une période géologique antérieure, car la dimension des valves ou coquilles qui constituent ces amas (huître ou *ostrea edulis*, bucarde ou *cardium edule*, moule ou *mytilus edulis*) est plus grande que celle des mêmes espèces vivant actuellement dans la mer Baltique ; ces dernières sont plus petites de la moitié ou des deux tiers. La raison en est que présentement la mer Baltique, n'ayant plus qu'une étroite communication avec l'Océan et recevant d'autre part des fleuves nombreux, n'a plus tous les caractères d'une vraie mer ; elle n'est plus salée qu'à demi ; or, pour que les mollusques dont nous parlons atteignent leur plein développement, il leur faut la salure complète de l'Océan. Cela est particulièrement vrai pour l'huître comestible, qui, très-commune dans les débris de cuisine, ne se trouve plus aujourd'hui nulle part dans la mer Baltique, en exceptant cependant les parages voisins des détroits, par où cette mer communique avec le Grand Océan. De là l'on peut conclure qu'autrefois la Baltique avait une forme toute différente de sa forme actuelle et surtout qu'elle communiquait plus largement et plus librement avec l'Océan. D'ailleurs les débris de cuisine, malgré leur haute antiquité, ne remontent pas au delà des formations géologiques récentes ou alluviales, puisque l'on n'y trouve que les ossements d'animaux encore existants, en exceptant seulement le bœuf sauvage ou bœuf primitif (*bos primigenius*, *urus*), que pourtant César put voir encore. — Tout

antiquités du Nord et le Musée géologique de Copenhague renferment une quantité extraordinaire d'objets tirés des kjökkenmöddings et apportés là dans leur état naturel. Depuis longtemps les débris de cuisine étaient connus, mais on les prit pour des amas naturels jusqu'en 1847. A cette époque, trois savants danois distingués, MM. Steenstrup, Forchhammer et Worsaæ, les examinèrent plus attentivement et en constatèrent l'origine artificielle.

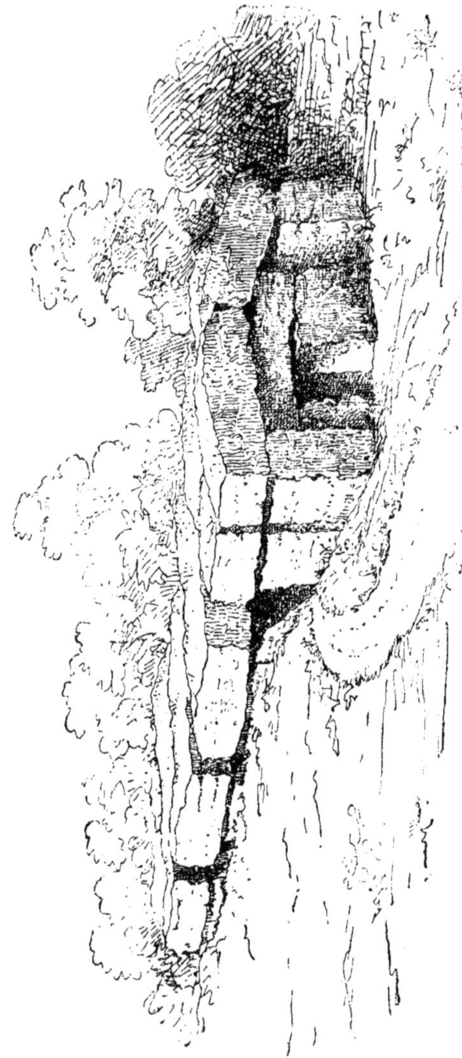

Fig. 16. — Dolmen de la pierre Turquaise, près Paris. — Communiqué par M. Leguay.

récemment aussi on a découvert ces débris de cuisine sur les côtes des deux Amériques (20).

Aux pilotis, tourbières, débris de cuisine, etc., se rattachent les tombeaux des Huns, ou *tumuli*, qui autrefois passaient pour recéler les ossements d'une antique race de Huns, c'est-à-dire de géants, les prédécesseurs de l'homme actuel. Les *dolmens*, ou tables de pierre, si remarquables, constituent avec les tumuli le dernier terme de la série des traces que l'homme préhistorique a laissées de son existence dans les terrains d'alluvion. Mais, si les tombeaux et les monuments de pierre sont réellement gigantesques, l'homme qui les a élevés ne l'est nullement; il est plutôt d'une stature inférieure à celle de l'homme de nos jours (21). Très-vraisemblablement, la race dont nous parlons fut expulsée par une race plus grande, plus vigoureuse, plus civilisée, celle des Celtes, avec qui commence l'aurore des temps historiques dans l'Europe centrale.

En mentionnant ces monuments nous sommes arrivés au terme final de la série des faits propres à jeter quelque lumière sur l'existence préhistorique et la haute antiquité de l'homme sur la terre. En même temps nous achevons d'esquisser notre sujet. Ce sujet, nous avons dû nous borner à en indiquer les contours les plus généraux, les points les plus saillants; de même que, dans les Alpes, on ne nomme au voyageur arrêté sur le haut d'une montagne, au centre d'un panorama alpestre, que les pics les plus saillants de la chaîne sans fin qui l'entoure, tandis que des centaines de cimes, de sommets moins élevés, mais pourtant remarquables aussi dans leur genre, sont dédaignés. Certainement les questions que suggèrent ces faits au sujet de l'antiquité de notre espèce et de son origine, les conséquences que l'on est fondé à en tirer sont bien plus importantes, bien plus significatives que les faits eux-mêmes. A quel nombre d'années précisément s'élève l'antiquité de l'homme ? quelle est la proportion de cette antiquité, de ce laps de siècles relativement à l'antiquité de la terre? que devient cette même proportion en regard de l'histoire connue et de la tradition? pourquoi n'existe-t-il dans l'histoire aucune trace même légendaire de cet antique passé? enfin quels ont été cette primitive époque et cet état primitif de notre espèce? faut-il admettre que, parti d'un état grossier et inférieur, l'homme s'est élevé en luttant et peu à peu vers la civilisation? ou bien que déchu primitivement d'un haut développement intellectuel, il s'est ensuite efforcé d'y remonter graduellement? Dans le premier cas, comment s'est effectué son progrès graduel jusqu'à la civilisation actuelle? — A toutes ces questions, qui sont étroitement liées aux plus grands intérêts de l'humanité, nous tâcherons de répondre plus loin dans la mesure de nos forces et dans les limites présentes de nos connaissances ; mais auparavant remarquons que ces questions, et les conséquences qui en dérivent, intéressent autant notre cœur que notre intelligence, pour peu que nous songions à l'énorme série de générations qui se sont éteintes avant nous, et à l'incommensurable grandeur de la création au sein de laquelle nous vivons.

En ce qui concerne d'abord la première question, c'est-à-dire la détermination en années de l'antiquité du genre humain, une telle évaluation est extraordinairement difficile, excepté pour les terrains d'alluvion. En effet, pour ces derniers terrains, nous connaissons approximativement à quel espace de temps correspond une hauteur donnée du dépôt; et, par conséquent, d'après la profondeur à laquelle ont été trouvés les vestiges ou les restes humains, nous pouvons évaluer le temps qui a dû s'écouler depuis que ces débris ont été abandonnés dans leur gisement. Mais une telle mesure nous fait défaut, dès que nous passons de l'époque actuelle à celle dite antédiluvienne, et il ne nous reste plus que des points d'appui très-peu sûrs. C'est pourquoi on a fait à cette question les réponses les plus diverses. C'est que nous ne connaissons nulle part en géologie de nombre absolu; partout nous n'avons que des nombres relatifs! Nous ne sommes pas même en état de déterminer exactement la durée de la période alluviale, qui nous sépare des temps dits antédiluviens. Nous devons nous baser sur des évaluations variables, suivant les lieux, et indiquant qu'aux différents points de la surface terrestre cette période a eu une durée diverse. Point de frontière bien déterminée entre l'alluvium et le diluvium dans le sens de la vieille géologie! Ces deux terrains se succèdent par une transition graduée, par conséquent nous ignorons combien l'existence de ces animaux antédiluviens, qui est pourtant la pierre angulaire de la question, a pu se prolonger çà et là dans l'époque alluviale ; sur l'époque de leur apparition pas plus que sur celle de leur disparition nous ne savons rien de plus exact. Pourtant il est à peu près certain que depuis le temps où se sont formées ces couches, qui renferment mêlés ensemble les débris de l'homme et ceux des espèces diluviennes, des changements géologiques importants ont dû s'effectuer à la surface de la terre. C'est là un point que, dans son *Antiquité du genre humain*, Lyell a démontré en détail, au point de vue géologique et avec une grande compétence. Ainsi, pour ne citer que quelques-uns de ces changements, à titre d'exemple, presque tous les fleuves d'Europe coulaient à cette époque dans des lits en partie autres et beaucoup plus élevés; l'Angleterre et la France n'étaient pas séparées par la Manche; elles formaient un même continent, sans interruption, de telle sorte que les hommes d'alors auraient pu aller à pied de Londres à Paris, si ces villes avaient existé. Alors la fière Tamise, sur laquelle voguent aujourd'hui les navires de toutes les nations, n'était qu'un humble affluent de notre Rhin continental. La majestueuse Suisse, actuellement le rendez-vous convoité de tous les touristes, de tous les amants de la nature, était alors inaccessible au pied de l'homme; car de la cime des Alpes jusque par delà le Jura, depuis Genève jusqu'à Soleure, elle était enfouie sous d'immenses glaciers à l'influence léthifère. Sur leur dos puissant ces glaciers charriaient d'énormes fragments de rocher, qu'ils roulaient depuis les plus hautes régions alpestres jusqu'aux endroits où aujourd'hui ils semblent avoir été placés par des mains de géants. La mer faisait encore onduler ses vagues sur le grand désert de Sahara. Elles n'existaient donc point alors ces plaines de sable arides et brûlantes, d'où s'élève ce vent chaud qui, franchissant la Méditerranée, va fondre comme par enchantement les neiges hivernales sur les sommets alpestres, et qui a transformé cette Suisse autrefois enfouie sous des glaces éternelles en un pays florissant couvert de villes et de hameaux, etc., etc. Enfin le monde vivant, animal et végétal, contemporain de cette époque, était aussi essentiellement différent de ce qu'il est aujourd'hui. Des modifications, des changements importants de la surface terrestre, du climat, de la répartition de la terre et des eaux, enfin du monde organisé, supposent partout, d'après les propositions bien connues de la géologie actuelle, des espaces de temps très-longs, relativement du moins à notre habitude de tout mesurer en prenant pour règle la courte durée de notre vie ; car, dans l'histoire de la terre, dans les phases de son développement, c'est à peine si un millier d'années compte autant qu'un instant de notre vie individuelle.

Ainsi l'époque diluvienne dont la longueur et l'extension semblent naturellement d'une très-haute importance pour la question qui nous occupe, n'est pas, comme on le croyait autrefois, l'œuvre d'une ou de plusieurs catastrophes subites, mais bien le résultat d'une phase très-lente à divisions multiples et distinctes. Cette phase, pour se dérouler, a certainement exigé bien plus de temps qu'il n'en a fallu à la formation de l'alluvium. Nous possédons des preuves suffisantes de l'existence de l'homme pendant et avant l'époque *glaciaire*, sous-division de la période diluviale ou quaternaire, qui vraisemblablement remonte très-haut dans cette période (22). Il suit de là que l'existence de l'homme ne coïncide pas seulement avec la terminaison de la période diluviale, mais qu'elle peut remonter bien au delà et même jusqu'à son origine. Ce fait est d'ailleurs démontré par la profondeur du gisement des haches en silex diluviennes, qui se trouvent dans les couches les plus inférieures du diluvium, tout proche de la craie sous-jacente. Si les découvertes de MM. Desnoyers, Bourgeois, etc., que nous avons citées ci-dessus, sont bien authentiques, alors l'existence de l'homme recule par delà l'époque diluviale et remonte bien avant dans la grande époque tertiaire. Dans ce cas, la durée de son existence ne se peut représenter que par des centaines de milliers d'années! Sûrement, honoré lecteur, la grandeur de ce nombre t'étonne, et pourtant en regard de l'énorme laps de temps que la terre a vu s'écouler pendant les phases de sa formation et de son développement graduel, ce nombre n'est rien. On a essayé d'évaluer le temps nécessaire seulement à l'édification de l'ensemble des couches terrestres, et l'on est arrivé à 6 ou 700 millions d'années! D'autres géologues ont donné une évaluation inférieure, mais la différence peut dépasser 100 millions d'années en plus ou moins, sans changer le résultat général. On le voit, quelque vieux que paraisse l'homme comparativement à la durée de l'histoire et de la tradition, il est néanmoins très-jeune sur la terre, et tout concourt à prouver qu'il fait partie de ses productions les dernières et les plus récentes. Car, même en admettant que l'homme ait vécu dès la fin ou vers le milieu de la période tertiaire, il ne remonte encore pas bien haut dans la grande échelle des couches terrestres. Lyell a divisé cette échelle, seulement dans la portion qui fournit des fossiles, en 58 degrés ; mais ce nombre paraît trop faible encore, puisque récemment on a découvert des couches pourvues de débris organiques, et qui autrefois étaient inconnues. Dans cette échelle, l'homme de la période tertiaire n'atteint que les numéros 3 ou 4 et tout au plus les numéros 5 ou 6! D'innombrables générations de plantes et d'animaux, se déroulant pendant un laps de temps infini, l'ont donc précédé dans la longue succession des êtres, et il joue en quelque sorte l'acte dernier et rapide d'un drame immense dont le début se cache dans une profonde nuit.

D'après des vues théoriques, Lyell maintient comme très-vraisemblable l'existence de l'homme dès la période dite *pliocène*, c'est-à-dire pendant la dernière division de l'époque tertiaire; au contraire, dit il, il est invraisemblable que l'homme ait vécu dès la période *miocène*, c'est-à-dire pendant la division moyenne de cette époque tertiaire. Il base cette dernière opinion sur ce fait, qu'à cette époque les caractères généraux du monde vivant (faune et flore) étaient encore trop différents de ceux des êtres actuels. Le savant anglais Lubbock, au contraire, affirme que l'homme, tout au début de sa carrière, doit avoir vécu dès la période *miocène*, mais que nous pouvons espérer de rencontrer ses os ou ses traces seulement dans les chaudes régions tropicales encore trop peu explorées ! A. R. Wallace croit même que l'on doit reculer l'apparition de l'homme sur la terre encore plus en arrière, jusque dans la plus ancienne division de l'époque tertiaire, dans l'étage *éocène*. M. Ch. Darwin aussi, ce savant célèbre, admet la possibilité que l'homme ait vécu pendant la période *éocène*.

On le voit, les opinions au sujet de l'antiquité de notre espèce sont encore bien divisées. On voit surtout qu'assigner à cette antiquité un nombre fixe d'années est tout à fait impossible. Mais, et là-dessus tous les savants sont d'accord, sans excepter ceux mêmes qui furent les plus récalcitrants, ce qui paraît parfaitement sûr, c'est que la durée de l'histoire s'évanouit comparativement à la durée de ces âges pendant lesquels notre espèce a réellement habité la terre, ou que, selon une remarquable expression de Lyell, ces périodes de l'histoire, dans une pareille comparaison, paraissent *l'œuvre d'hier*.

En fait l'histoire proprement dite, celle qui semble authentique, celle que nous ont transmise soit des traditions écrites, soit des témoignages dignes de créance, est loin de remonter aussi haut qu'on le croit ordinairement. Elle ne commence qu'avec l'établissement des olympiades grecques, c'est-à-dire en l'année 776 avant Jésus-Christ. Pourtant la fameuse guerre de Troie est certainement plus ancienne; elle remonte jusqu'à 1,100 ou 1,200 ans avant Jésus-Christ ; mais, tout le monde le sait, ce qui la concerne n'est qu'un mélange de poésie et de vérité. Combien la chronologie grecque même remonte peu en arrière, puisque Hécatée de Milet, qui vivait 500 ans avant Jésus-Christ, exprime l'opinion que depuis 900 ans, les dieux ne se marient plus avec les hommes ! Ce serait donc un total qui atteindrait 1,400 ans avant Jésus-Christ.

Par delà cette aurore de l'histoire, il n'y a plus que des mythes, des traditions, des légendes ou quelques dates fixées d'après d'antiques documents, ou bien enfin une histoire artificiellement composée d'après des monuments, des édifices, de vieilles inscriptions, etc. C'est ainsi que les traditions de la race aryenne atteignent jusqu'à deux mille ans avant Jésus-Christ. Les écrits sémitiques placent la naissance d'Abraham, le père du peuple juif, environ deux mille ans avant Jésus-Christ[1] et le déluge dans le vingtième siècle avant Abraham. De la création au déluge, la Bible compte un à deux mille ans ; ce qui donne un total général de cinq à six mille ans avant Jésus-Christ.

La très-vieille histoire des Chinois contient deux dates isolées, les plus reculées. D'après leurs chroniques, le déluge, qu'ils mentionnent, a dû avoir lieu sous le règne de l'empereur *Yao,* 2357 ans avant Jésus-Christ, tandis que, dès 2698 avant Jésus-Christ, *Huangti* a dû découvrir l'écriture. Vers cette époque, alors que les Juifs menaient sous leurs patriarches une vie nomade, la civilisation des Chinois avait donc atteint un très-haut degré. L'histoire mythique ou légendaire de ce peuple comprend l'énorme nombre de 129,600 ans ; d'après leurs traditions, cette période se compose de douze grandes divisions de 10,800 ans chacune, et elle embrasse trois époques prin-

[1] D'après des évaluations basées sur des inscriptions gravées sur des tablettes assyriennes, qui se trouvent au *British Museum,* l'époque d'Abraham tomberait vers 2290 ans avant Jésus-Christ.

cipales : le règne des ténèbres, le règne de la terre, le règne de l'homme. — Cela est analogue à ce que rapporte le professeur Spiegel des Babyloniens, qui assignent à la vie de leurs dix plus anciens patriarches une durée totale de 432,000 années.

D'après A. de Humboldt, Strabon dit des habitants primitifs de l'Espagne (les Turdules et les Turditains) : « Ils se servent de l'écriture et ont des livres de vieilles maximes, ainsi que des poésies et des lois versifiées, auxquelles ils attribuent une antiquité de 6,000 ans. » Enfin, pour ce qui a trait à l'histoire composée d'après les monuments et les inscriptions, il faut avant tout citer la plus ancienne, la plus importante contrée civilisée du monde, l'Égypte. On connaît les résultats aussi intéressants que grandioses des recherches et des fouilles faites par les savants, grâce au déchiffrement des hiéroglyphes, dans cette terre des prodiges, dans cette primitive patrie de tous les arts, de toutes les connaissances ; je me contenterai donc ici de dire que tous ces résultats ont encore été éclipsés par les nouvelles découvertes d'Auguste Mariette. Ce savant a trouvé des sculptures, des inscriptions, des statues, qui remontent jusqu'à 4000 à 4500 ans avant Jésus-Christ. Il a trouvé également, dans les tombeaux et sur les parois des constructions tumulaires de cette époque, des peintures et des inscriptions, mettant hors de doute que dès ce temps si reculé, une civilisation relativement avancée existait en Égypte. On voit d'ailleurs quelle haute idée avaient déjà les Grecs de la civilisation et de la puissance égyptiennes, puisque Homère (800 ans avant J.-C.) parle avec une grande admiration de la Thèbes égyptienne avec ses cent portes, de chacune desquelles sortaient deux cents chars armés pour la bataille, et pourtant Memphis était encore plus ancienne. Achille aussi s'écrie en se défendant : « Quand vous m'offririez les richesses de la Thèbes égyptienne aux cent portes, je ne céderais point la place. » Que l'on songe aussi aux quarante et quelques pyramides d'Égypte, qui ont exigé un millier d'années de travail et qu'il faut considérer comme les monuments d'une longue série de dynasties successivement couchées dans la tombe. Cela concorde d'ailleurs avec l'histoire mythique des Égyptiens, qui commence bien des milliers d'années avant l'ère historique réelle, puisque cette dernière débute par Ménès, premier roi historique de l'Égypte, 3600 ans avant Jésus-Christ (23).

Ces traditions si lointaines des peuples les plus anciennement civilisés concordent parfaitement avec les enseignements de la science moderne. Elles montrent que le souvenir confus d'un long passé enfoui dans les ténèbres des temps écoulés devait persister dans la mémoire de ces peuples. Si même l'on récusait toutes les preuves géologiques et paléontologiques fournies par nous, le seul fait de ces traditions ajouté à l'incontestable existence d'un haut degré de civilisation en Égypte, il y a plus de 6000 ans, suffirait à nous montrer que l'opinion jusqu'ici admise, cette opinion appuyée sur l'autorité biblique et suivant laquelle le genre humain n'a pas plus de 6000 ans, est absolument inadmissible. La profonde ignorance, dans laquelle on se trouvait jusqu'ici au sujet de l'existence préhistorique du genre humain, peut seule rendre raison de cette manière de voir. Sur ce point, le regard se perdait dans une obscurité complète, impénétrable, qu'aucun rayon de lumière n'éclairait. Aujourd'hui, au contraire, il en est tout autrement. Une nouvelle science appelée par Boucher de Perthes *l'archéogéologie*, c'est-à-dire l'union de la géologie et de la paléontologie avec l'archéologie, a jeté sur la période préhistorique une lumière déjà suffisante et qui ira toujours grandissant.

Nombre de lecteurs demanderont ici : Mais comment se fait-il, que de tout ce long passé préhistorique l'histoire ne fournisse aucun témoignage? pourquoi règne-t-il à ce sujet une obscurité si complète et qu'aucun document immédiat ne vient éclairer?

Répondre à ces questions n'est pas difficile.

Évidemment l'homme préhistorique était dans un tel état de barbarie et de grossièreté natives, qu'il n'éprouvait pas le besoin d'une tradition historique et ne possédait aucun moyen de la fixer. Ce fut l'invention déjà très-compliquée et fort tardive de l'écriture qui pour la première fois fournit ce moyen. Jusqu'alors on connut seulement la tradition orale, qui en réalité a conservé la trace d'une très-haute antiquité. Mais cette tradition ne se pouvait exercer que dans des limites très-restreintes, entravée qu'elle était par la pauvreté d'un langage encore imparfait et par l'absence d'événements notables. Sans aucun doute la vie de l'homme primitif fut d'une simplicité, d'une uniformité extrêmes ; elle était désolante d'ennui ; du moins elle nous semble telle, comparée à la nôtre. C'était une lutte pénible et sans trêve contre les animaux sauvages et les nombreuses difficultés de la nature ambiante ! Pourtant les combats de l'homme primitif avec les grands animaux des époques diluviale et tertiaire peuvent avoir donné lieu à des hauts faits dignes de la tradition ; et en réalité la lutte avec les animaux joue, comme on le sait, un rôle très-prédominant dans les plus antiques récits de tous les anciens peuples civilisés. Aussi a-t-on bien souvent et avec raison conjecturé que ces légendes n'étaient pas seulement œuvres de poésie et d'imagination, mais que, pour une part du moins, elles reposaient sur la vérité. On a pensé notamment que ces récits terrifiants de luttes effroyables avec des dragons, des monstres, des animaux étrangement conformés et d'une énorme grandeur venaient en partie de ce que l'homme avait réellement rencontré, vu et combattu les grands et singuliers animaux du diluvium et de l'époque tertiaire.

Quoi qu'il en soit, on peut considérer comme certain que l'homme, dans son état de barbarie et de rudesse natives, était incapable d'avoir une histoire. Avant d'éprouver le besoin de transmettre à sa postérité le souvenir de sa vie, avant d'acquérir le moyen de fixer ce souvenir d'une façon durable, il lui a fallu s'élever à un certain degré, à un haut degré de culture. Cela n'est pas une simple hypothèse, mais bien l'expression même de la réalité, comme on le voit par l'exemple des sauvages actuels, qui depuis un temps immémorial vivent dans des conditions presque identiques et n'ont pourtant point d'histoire écrite, d'histoire réelle. On ne peut douter que l'état des peuples sauvages contemporains ne soit la meilleure image de l'état originel de l'homme et qu'il n'existe entre ces deux états une analogie presque parfaite. Tous les récits des voyageurs montrent qu'il y a une frappante similitude entre les armes, l'industrie, les habitudes, la manière de vivre des peuples sauvages qu'ils ont visités et celles de l'homme primitif, autant du moins que les rares reliques de ce dernier nous permettent de le déchiffrer ou plutôt de le deviner (24).

Voilà qui nous conduit tout naturellement à la seconde et dernière partie de cette étude, c'est-à-dire aux questions qui ont trait à la condition primitive, aux commencements de l'homme et qui se rattachent immédiatement aux recherches touchant l'antiquité du genre humain. Comment était notre vieil ancêtre, l'homme primitif, physiquement et moralement? que faisait-il? comment vivait-il, de quoi pouvait-il se vêtir et se nourrir? comment put-il accomplir son graduel progrès vers la culture d'esprit, vers la civilisation? Et ce qui est surtout important, de ces recherches au sujet de la primitive existence de l'homme, de ces recherches qui ruinent de fond en comble les croyances admises, qui nous découvrent un passé énorme, absolument obscur jusqu'ici, que pouvons-nous déduire touchant le sujet qui nous occupe, touchant la place de l'homme dans la nature et l'importante question : D'où venons-nous? Sur ce point nous faisons ici abstraction de toutes les autres preuves.

Mais explorer un tel terrain est d'autant moins sûr, d'autant plus périlleux, que le plus souvent force est de recourir aux conjectures, aux conclusions par analogie, bien plus qu'à des documents immédiats, et que l'imagination doit plus ou moins venir en aide à la raison, qui démontre, qui ordonne les arguments. Pourtant nous possédons une série de solides points d'appui qui nous peuvent fournir une image assez parfaite de l'état de l'homme primitif et de ses progrès extrêmement lents à travers des myriades d'années vers un graduel perfectionnement, vers un ennoblissement graduel. Cela est particulièrement vrai, si nous voulons nous étayer des nombreuses observations faites sur les sauvages contemporains, qui, comme il a été dit, nous offrent, pour nous aider à déterminer l'état originel de nos premiers ancêtres, un prototype, un portrait très-net et très-instructif. Très-vraisemblablement pourtant, l'état général de l'homme primitif a été plus misérable, plus imparfait encore que celui de nos sauvages actuels les plus barbares, puisque de la période la plus reculée de son existence que nous connaissions il nous a seulement laissé en armes et ustensiles les grossiers coins de pierre ci-dessus décrits. Or ces instruments s'obtenaient en entre-choquant simplement deux de ces rognons de silex si faciles à fendre à l'état frais. A cette époque reculée, l'homme ne connut même pas le premier, le plus primitif des arts ; il ne sut point faire ces poteries dont les débris se rencontrent si fréquemment à une période postérieure. Encore moins fabriquait-il ces ouvrages si communs plus tard en bois, en corne ou en os. La dissemblance entre l'homme des époques diluviale ou tertiaire et le civilisé de nos jours doit donc avoir surpassé celle qui existe entre le sauvage d'Australie et l'Européen instruit de notre temps. Cette différence est telle que, sans une instruction préalable, la raison se résout difficilement à admettre un lien logique entre ce passé et le présent, et, plutôt que de reconnaître la vérité pourtant évidente, elle va se réfugier dans la théorie si invraisemblable d'une création de l'homme. Car, s'il est un point sur lequel nos observations ne laissent plus aucun doute, c'est que l'homme n'est point un fils du paradis, tombé tout fait et même, dans une certaine mesure, parfait du ciel sur la terre. Bien au contraire, comme tous les êtres organisés, c'est lentement, à travers des myriades d'années et des générations sans nombre, qu'il s'est développé ; c'est comme un sauvage grossier, s'élevant à peine au-dessus de l'animalité et presque écrasé par les forces de la nature, qu'il a débuté dans l'existence. Nu ou misérablement vêtu de la peau des animaux ou de l'écorce des arbres, vivant seul ou par familles isolées dans les bois, les cavernes, les fissures des rochers ou sur le bord des fleuves, n'ayant pour armes que ses pauvres haches en silex, ce sauvage, cet homme primitif eut à lutter presque sans trêve avec la puissante nature qui l'environnait et avec les grands animaux des époques diluviale ou tertiaire. Certainement il ne serait pas sorti victorieux de la bataille et surtout il ne l'aurait point engagée, s'il n'avait eu pour le soutenir une force intellectuelle proportionnellement grande[1]. Car quant à sa force corporelle, elle surpassait à peine celle de l'homme actuel, si même elle ne lui était pas inférieure. Disons ici que le préjugé si répandu relativement à l'existence d'une ancienne race de géants est complétement erroné et s'appuie sur ce fait que des ossements d'animaux gigantesques avaient été trouvés mêlés avec des os d'homme. Il est vrai qu'on a rencontré quelques anciens squelettes ou quelques portions de squelettes humains, qui doivent avoir appartenu à des hommes relativement grands et très-fortement musclés, par exemple le squelette célèbre de l'homme de Néanderthal, ou les restes humains probablement contemporains du mammouth, qui ont été trouvés tout récemment par M. Louis Lartet dans une des cavernes du Périgord (la caverne des Eyzies). Ces os paraissent provenir d'une race sauvage, mais forte et bien musclée ; leur conformation incline vers le type simien ; les mâchoires sont prognathes[1], mais pourtant le cerveau est relativement bien

[1] Souvent on a voulu considérer comme impossible ou invraisemblable que les premiers hommes aient pu, avec leurs misérables armes, tenir contre les gigantesques animaux du passé. Mais nous serons mieux renseignés par un regard jeté sur les sauvages actuels de l'Amérique, de l'Afrique et de l'Australie, qui ne craignent pas davantage d'aller avec leurs armes si pauvres, si imparfaites, au-devant de grands animaux et qui les combattent victorieusement. « Il faut être aveuglé, dit J.-P. Lesley, pour ne point reconnaître les traces de cette guerre longue, dure, désespérée, sanglante, diaboliquement cruelle entre l'homme primitif et toutes les forces adverses de l'air et de la terre. Dans cette guerre, tous les avantages étaient du côté de la nature, et pourtant l'homme triompha, parce que les forces de l'esprit et de la raison lui vinrent en aide. » — « Si nous pensons à ce qu'étaient les armes et les outils de l'homme primitif, notre étonnement s'en accroîtra encore, et nous nous demanderons comment la civilisation a pu trouver du temps et une issue pour naître. »

[1] Prognathisme, saillie en avant des mâchoires et des dents.

développé. Au contraire, la plupart des découvertes de l'époque quaternaire indiquent une race petite, à crâne étroit, à mâchoires prognathes; parfois le type se rapproche de celui du nègre ou du Mongol. Dans la période

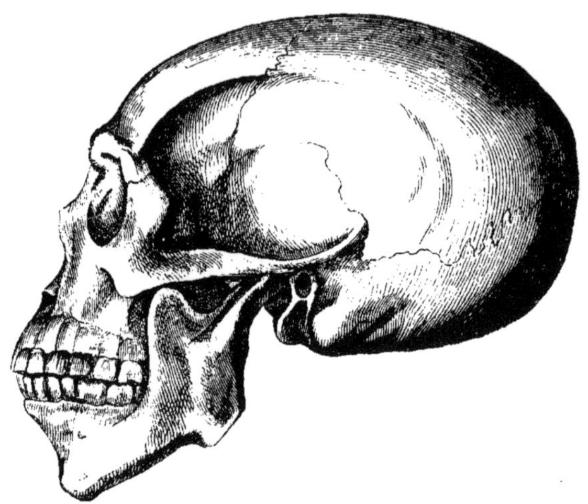

Fig. 17. — Crâne d'un nègre, comme type du prognathisme; profil. (D'après les *Leçons sur l'homme* par C. Vogt.)

la plus ancienne de l'âge du mammouth et de l'ours des cavernes, l'homme était, selon M. Broca (rapport de 1865-67), de petite stature; il avait une tête étroite, un front fuyant et des mâchoires proéminentes, en général une conformation du corps dont l'analogue ne se trouve plus aujourd'hui que chez les races les plus inférieures, en Australie et à la Nouvelle-Calédonie. Cela sera démontré plus loin, surtout quand nous décrirons la mâchoire humaine de forme simienne trouvée à *la Naulette* et les ossements analogues trouvés par le marquis de Vibraye dans la grotte d'Arcis-sur-Aube.

Mais cependant l'existence de cette race sauvage et de petite taille s'est prolongée jusque dans une période très-reculée de l'époque dite *du renne*, comme l'ont démontré notamment les découvertes faites dans les nombreuses cavernes belges de la province de Namur. Ces cavernes furent explorées par une commission scientifique spéciale et aux frais du gouvernement belge. Le rapport de cette commission, du 26 mars 1865, dit qu'auprès d'une

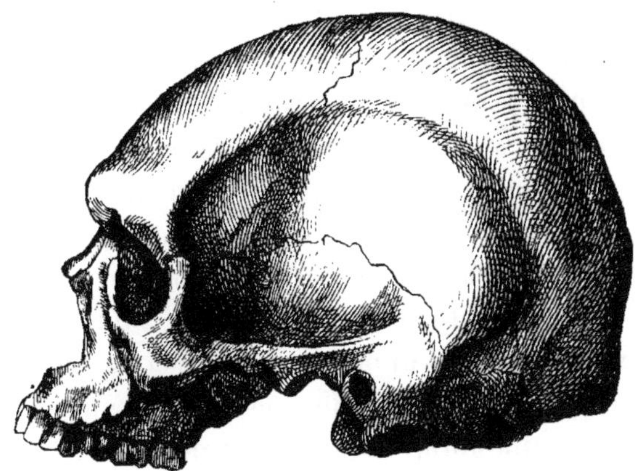

Fig. 18. — Profil d'un nègre australien, d'après Lucae.

grande quantité de bois de renne et d'os en partie travaillés, d'instruments de silex, de poteries noires, d'objets en coquillages destinés à la parure, etc., etc., on a trouvé beaucoup d'os humains qui tous avaient appartenu à des hommes de petite stature, analogues en cela à la plupart des Lapons actuels. Les débris trouvés dans le *Trou du Frontal*, et dont nous avons déjà parlé, indiquent aussi, comme les ossements humains de la caverne d'Aurignac, une race plus petite que les races contemporaines. Selon le rapport rédigé par M. E. Dupont, l'homme des cavernes belges était « petit, bien musclé, vif et maladif. »

Que, durant *l'âge de bronze*, immédiatement postérieur à l'âge de pierre, et pendant lequel l'homme savait déjà allier et travailler les métaux, une race de petite taille ait encore vécu, cela est démontré par l'exiguïté de la poignée des armes en bronze, et cette circonstance avait généralement frappé les archéologues bien avant que l'on sût quoi que ce soit de l'homme diluvien.

Si, du côté physique, l'homme primitif était en général inférieur à l'homme de nos jours (25), cette infériorité était naturellement bien autrement grande du côté intellectuel. Si l'énergie des facultés intellectuelles permettait à cet homme primitif de guerroyer victorieusement, malgré la faiblesse relative de son corps, avec des animaux qui le surpassaient tellement en grandeur et en vigueur, pourtant ces facultés, comparées au développement intellectuel des générations contemporaines, étaient extrêmement pauvres, extrêmement rudimentaires. Cela est démontré par de nombreux crânes humains antiques et primitifs, trouvés dans divers pays. En effet, ces crânes, pour peu qu'ils remontent à une antiquité un peu reculée, ont presque tous une forme grossière, imparfaite, qui correspond à un pauvre développement cérébral. Ils confinent en partie d'une manière frappante aux types actuels les plus inférieurs, aux grossiers aborigènes d'Afrique et d'Australie. Citons les nombreux crânes négroïdes trouvés par Spring et Schmerling dans les cavernes belges (26) ; les crânes danois dits de Borreby (27) ; celui que Link découvrit parmi les crânes provenant des carrières à plâtre et réunis à Köstritz par Schlotheim. Ce dernier crâne était caractérisé par un remarquable aplatissement du front ; ajoutons-y les crânes d'une conformation analogue, que Lund trouva mêlés à des ossements d'animaux antédiluviens dans une caverne à ossements du Brésil ; les crânes du même genre, très-allongés en arrière, que Castelnau a rencontrés dans des conditions semblables, au Pérou, dans une caverne rocheuse des Andes[1]; un crâne actuellement au musée de Stuttgart, et qui fut exhumé en 1700, à Canstatt, en même temps que des os de mammouth. Ce dernier crâne, dont nous avons déjà parlé, ressemble au

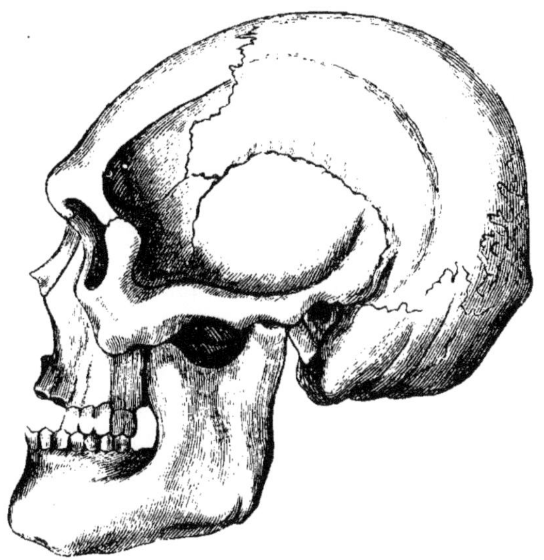

Fig. 19. — Crâne de Borreby, du Danemark (âge de pierre), de profil; d'après un dessin communiqué par M. Busk. (*Leçons sur l'homme* de C. Vogt.)

crâne cafre; il a un front très-déprimé, fuyant en arrière et des arcades sourcilières très-proéminentes. Citons encore le crâne offert, il y a quelques années, par T. W. Smart à la Société anthropologique de Londres. Ce crâne, trouvé dans l'île de Portland, est d'une haute anti-

[1] Une forte rétrogradation du front indique toujours un degré faible ou inférieur de développement cérébral, comme le prouve la conformation crânienne des races humaines les plus inférieures. Frère, dont la riche collection des crânes appartenant à tous les siècles de notre ère, fait partie du nouveau Musée anthropologique de Paris, Frère donne comme caractéristique dans la comparaison de ces crânes le fait suivant : plus le type est ancien, plus aussi le crâne est développé en arrière, tandis que le front est aplati, de telle sorte que le relèvement graduel du front indique le passage des peuples sauvages à la civilisation.

quité; l'épaisseur de ses os, la saillie de ses bosses frontales, indiquent un type très-inférieur; il ressemble aux crânes nègres les moins élevés dans la série. (Voy. *Anthropological Review*, n° d'octobre 1865.) Ajoutons les crânes d'un type si inférieur trouvés dans un vieux tombeau à Caithness, dans le nord de l'Écosse; parmi eux se trouve un crâne qui, de l'aveu de plusieurs autorités scientifiques, est le crâne le plus misérablement conformé qui ait été trouvé en Europe, si l'on excepte celui de Néanderthal (28). Mentionnons encore les crânes trouvés en Angleterre, à Cheltenham, sur les collines de Coltwold près Cheltenham et sur lequel le Dr Bird a fait un rapport dans le journal déjà cité, en février 1865 (29); enfin le crâne de la vallée de l'Arno, près de Florence, décrit par le professeur Cocchi. Ce crâne à type négroïde a un front très-déprimé et est très-développé dans la région postérieure, etc., etc. Les plus récentes de ces découvertes sont : la trouvaille (1) du crâne d'Attaville en Californie; (2) des crânes trouvés par MM. Bertrand et Reboux près de Clichy; (3) des crânes trouvés par M. E. Martin près Grenelle; (4) du crâne de Brux en Bohême; (5) du crâne de Domitz, trouvé sur les bords de l'Elbe. On dit que les deux derniers crânes ont une grande ressemblance avec celui de Néanderthal. (Comparez note 2 de l'Appendice.)

Toutes ces découvertes et bien d'autres, que nous ne pouvons indiquer ici, sont pourtant surpassées en intérêt et en importance par le fameux crâne déjà cité de Néanderthal. Ce crâne, trouvé avec un squelette indubitablement fossile, en 1856, dans une caverne calcaire de la vallée de Néander, près Hochdal (entre Düsseldorf et Elberfeld), a été examiné et décrit par les docteurs Fuhlrott et Schaaffhausen. Il a un frontal très-étroit, aplati et déprimé dans une étonnante proportion. En outre, les bosses frontales et les arcades sourcilières sont développées et saillantes à un point qui jusqu'alors n'avait été observé dans aucun crâne humain. Cette particularité devait donner à la face de l'homme de Néanderthal une expression effroyablement bestiale, sauvage et simienne. Aussi la conformation du reste du squelette se rapprochait par bien des points des races humaines les plus in-

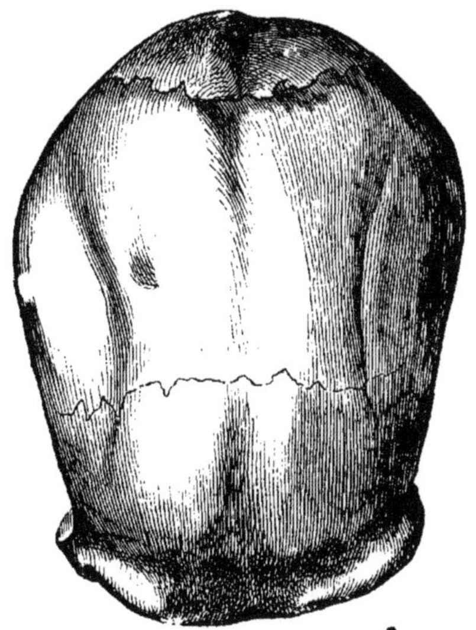

Fig. 20. — Crâne de Néander, vu de dessus. (D'après les *Leçons sur l'homme* de C. Vogt.)

férieures. Ainsi les saillies et les crêtes, qui servent aux muscles de point d'attache, sont très-développées, d'où l'on peut conclure que l'homme était robuste, fortement musclé, mais aussi très-sauvage.

Cette remarquable découverte fit naturellement grand bruit dans le monde savant, même en dehors de l'Allemagne, en Angleterre et en France, où les moulages en plâtre du crâne de Néanderthal sont fort répandus. En

Angleterre, le professeur Huxley, dont la compétence est connue, déclara après un minutieux examen que le crâne de Néanderthal était le crâne le plus bestial et le plus simien qui existât, et qu'en outre c'était celui qui ressemblait le plus au crâne australien actuel. De même, au congrès des naturalistes de Giessen en 1864, le professeur Schaaffhausen, répondant à des interprétations différentes, déclara que le crâne de Néanderthal constitue ce qu'on

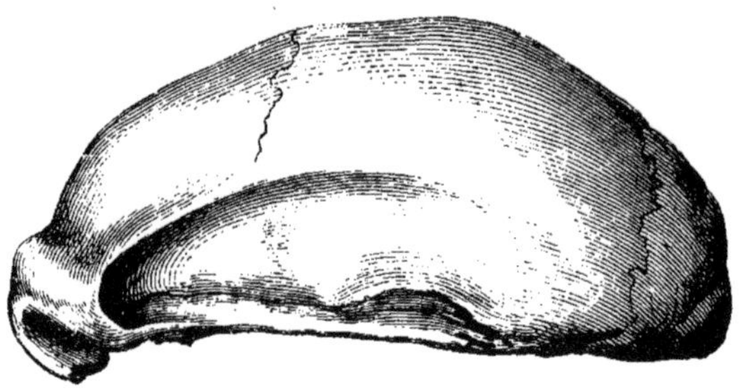

Fig. 21. — Crâne de Néanderthal. (D'après les *Leçons sur l'homme* de C. Vogt.)

appelle un type de race, que tout le squelette, incontestablement fossile, ne peut avoir appartenu à un idiot et offre nombre de caractères observés récemment sur les squelettes des races très-inférieures. Enfin il ajouta que ce squelette avait nécessairement appartenu à un des autochthones ou habitants primitifs de l'Europe avant l'immigration indo-germanique (30). Cette interprétation devait naturellement soulever nombre d'objections de la part des gens intéressés à affaiblir une preuve aussi puissante; mais ces objections n'ont point amené de résultat notable. Les principales critiques des personnes insuffisamment informées consistèrent à considérer cette découverte comme un fait isolé, et le crâne, à cause de sa forme spéciale et soi-disant sans exemple, comme un cas de monstruosité ou d'exception à la règle. Mais il n'en est rien : aussi le professeur Huxley a pu déclarer avec raison qu'en fait le crâne de Néanderthal n'est nullement isolé, comme on le pourrait croire au premier coup d'œil, mais qu'il forme en réalité le terme extrême d'une lente et graduelle série, embrassant aussi les crânes humains les plus élevés, les mieux développés. Par exemple, le crâne danois de Borreby, de l'âge de pierre, offre, selon Huxley, des caractères d'infériorité de la capsule cérébrale qui le rapprochent beaucoup du crâne de Néanderthal. Ces caractères sont la dépression du front en arrière, l'allongement postérieur de la tête, la saillie des arcades sourcilières. On en peut dire autant, du plus au moins, des autres crânes humains compris dans l'énumération qui précède, et aussi de beaucoup de crânes anciens ou de fragments de crânes trouvés surtout dans le nord de l'Europe (avec d'autres ossements). Le professeur Schaaffhausen, dans son important écrit *sur la Crâniologie des races primitives*, les a étudiés un à un, et sur tous il a observé un aspect analogue, quoique moins accusé. Sur presque tous ces crânes, les caractères qui dominent particulièrement sont la forte saillie des arcades sourcilières avec un front bas, aplati, fuyant (51).

Du reste, abstraction faite du premier de ces caractères, c'est-à-dire de la saillie des arcades sourcilières, nous possédons dans le crâne de race Titicaca, trouvé en Bolivie, à Algodon-Bay, dans un antique tombeau, par le baron de Bibra, qui l'apporta en Europe, un type crânien notablement inférieur encore au crâne de Néander et plus bestial que lui par sa *petitesse excessive*, par l'étroitesse et l'aplatissement de son front, qui fait presque défaut. Au dire de Bibra, ce crâne a pour ainsi dire plus d'analogie avec un crâne de singe qu'avec un crâne d'homme, et l'analyse chimique des os faite par lui indique que ces os sont d'une très-haute antiquité (32).

De tout cela, ainsi que de beaucoup d'autres découvertes d'ossements humains, parmi lesquels un grand nombre de mâchoires inférieures très-bestiales de forme, et que nous mentionnerons ailleurs plus longuement, on peut conclure sûrement que notre plus ancien ancêtre en Europe, l'homme primitif, était infiniment inférieur à l'homme actuel, tant du côté corporel que du côté intellectuel. En d'autres termes, ce dut être un sauvage extrêmement grossier, à peu près muet, qui peu à peu, et d'abord avec une extrême lenteur, avec des efforts inouïs, poussé par un mobile interne ou par une impulsion du dehors, s'éleva à un certain degré de civilisation ou accomplit un vrai progrès intellectuel. Même il paraît presque ressortir des observations précédemment mentionnées que, pendant bien des milliers d'années, ce progrès fut à peu près nul. Du moins, un très-long espace de temps doit, d'après l'estimation de Lyell et d'autres (voy. la note 22), s'être écoulé entre le dépôt des couches de sable inférieures et supérieures qui, dans la vallée de la Somme, renferment des haches en silex. Or, entre les haches des couches supérieures et celles des couches inférieures, on ne remarque aucune différence importante ou facilement appréciable, d'où il résulte que l'industrie de l'homme primitif a dû demeurer presque stationnaire pendant un long temps. Pourtant il existe une dissemblance, mais si peu importante, qu'au dire de Lyell elle est visible seulement pour l'œil d'un observateur exercé et que le vulgaire ne la remarque nullement. Ainsi on a observé que la forme dite *ovale* est plus commune dans les couches profondes que la forme *longue*. Par une étude plus soigneuse sur des matériaux plus nombreux on arrivera sans doute à apprécier des différences plus délicates, et l'on aura alors une meilleure idée du développement graduel de la civilisation (55).

Cependant, dans une période un peu moins éloignée, les différences entre les armes de pierre deviennent si considérables, et le progrès industriel des peuples primitifs s'accuse tellement, que l'on s'en est servi pour partager *l'âge de pierre* en trois phases ou divisions distinctes et successives, caractérisées principalement par la forme et la perfection plus ou moins grande des armes et des instruments de pierre. Il y a un âge de pierre *ancien*, un âge *moyen* et un âge *récent*. Ces trois périodes embrassent pourtant un énorme laps de temps, puisque l'âge de pierre le plus ancien doit coïncider de bien près avec l'apparition de l'homme sur la terre, tandis que l'âge de pierre le plus récent se prolonge encore profondément dans les temps historiques et même persiste aujourd'hui chez beaucoup de peuplades sauvages.

Pour faire bien comprendre d'ailleurs cette expression « âge de pierre, » il faut rappeler que, récemment, à la suite des savants de l'Europe septentrionale, on a divisé en époques toute l'histoire préhistorique du genre humain et de son développement vers la civilisation. Cette division comprend les trois âges distincts de la pierre, du bronze et du fer; et quoique fort critiquée et mise en doute, elle a peu à peu conquis son droit de cité dans l'archéologie. Toutes ces périodes sont reliées par les plus lentes transitions; elles s'engrènent ensemble; pourtant, dans leur généralité, elles montrent très-bien la marche graduelle de la civilisation, qui, à proprement parler, commence seulement avec l'apparition du fer[1]. Le bronze, alliage ou mé-

[1] Selon M. Gabriel de Mortillet, dont la compétence est reconnue, l'apparition du fer est cependant encore tout à fait préhistorique, et les trois

lange de cuivre et d'étain, était bien inférieur au fer, dont l'usage a rendu possible ce progrès de la civilisation qui nous a conduits au degré actuel. Mais la substance la plus imparfaite fut naturellement la pierre, dont le remplacement par le bronze ou l'airain constitua pour l'humanité ancienne un progrès bien plus grand encore que l'introduction plus tardive du fer.

Par cette division, qui permet de déterminer quelles ont été les plus anciennes époques du genre humain, on voit que la réalité a été tout juste le contraire de l'image rêvée par les poëtes de l'antiquité classique relativement à l'évolution des sociétés humaines, image qu'ils ont décrite dans leurs vers. Ils admettaient la succession d'un âge d'or, d'un âge d'argent, d'un âge de fer, et par suite une décadence sociale croissante ; c'est précisément l'inverse qui s'est produit ! « Les premiers habitants de notre pays n'eurent pas en partage une vie de pleine quiétude, d'éternelle sérénité, mais bien une existence de dur et pénible labeur, de soucis cuisants et incessants. Quand enfin apparurent d'abord l'âge d'airain, puis l'âge de fer, ce ne fut point là dans la vie du genre humain une décadence, mais le plus grand perfectionnement, le plus rapide progrès accompli et possible vers l'affranchissement de l'homme. » (Virchow.)

Du reste, et nous l'avons déjà dit, il ne faut pas se figurer que des frontières bien accusées séparent ces trois anciennes périodes ; au contraire, il est vraisemblable que partout il y eut des transitions graduelles. C'est surtout entre l'âge de bronze et l'âge de pierre qu'une de ces périodes transitoires a dû trouver place. Son existence est attestée par le mélange des instruments de

périodes de la pierre, du bronze et du fer sont sorties lentement l'une de l'autre, du moins en Suisse et en Italie.

pierre et de bronze trouvés dans divers lieux, dans divers tombeaux. Dans cette période de transition on trouve aussi des outils de cuivre pur; aussi nombre de personnes en ont pris occasion pour intercaler dans ces temps

Fig. 22.

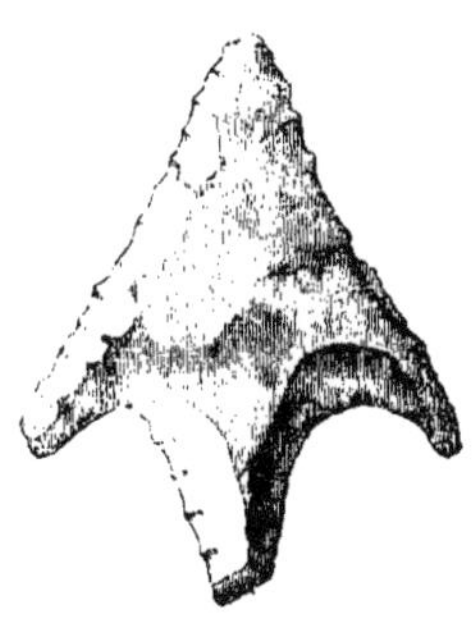

Fig. 23.

Pointes de flèches en silex. — *Greng*, lac de Morat. — Grandeur naturelle. (Collection *Desor*.)

anciens un âge de cuivre (35). On trouve aussi ensemble dans maint endroit des objets de bronze et de fer; mais

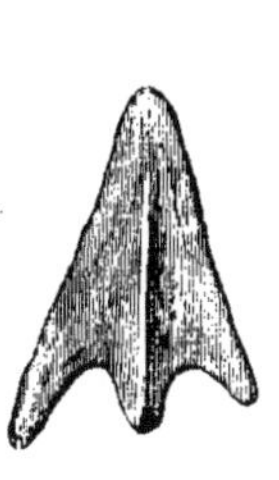

Fig. 24

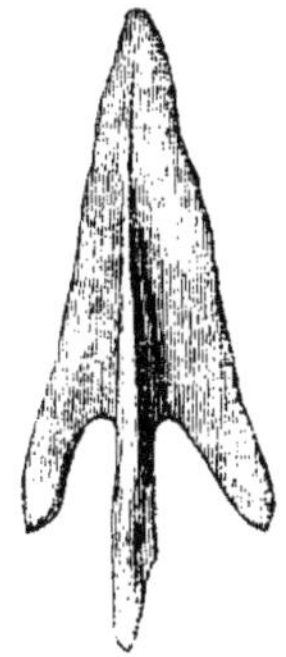

Fig. 25

Pointes de flèches en bronze. — *Font*. — Grandeur naturelle. (Collection *Desor*.)

tandis que le bronze a été promptement et complétement remplacé par le fer, les armes de pierre se sont maintenues bien plus longtemps, et leur usage s'est prolongé, comme nous l'avons dit, profondément dans les temps historiques. Les dernières armes de pierre ont certainement été travaillées avec des instruments de fer; et l'on rapporte que les Bretons combattirent encore contre Guillaume le Conquérant avec des armes de pierre (55).

On a observé dans cet âge transitoire entre la pierre et le bronze un fait très-curieux pour l'histoire de l'évolution intellectuelle de l'homme : c'est que les premières armes de bronze furent encore faites sur le modèle des anciens instruments de pierre, de même que les plus vieux ustensiles de fer furent modelés sur le type des objets de bronze qui les avaient précédés. Certainement personne n'aurait songé à donner au métal souple et docile les formes grossières et incommodes des produits de l'âge de pierre si de pareils modèles n'avaient pas préexisté. Par cet exemple on voit très-nettement que l'esprit humain n'enfante rien immédiatement de son seul fonds, mais que partout il est étroitement et régulièrement asservi à des lois d'évolution graduelle, sensuelle et aux aliments que lui fournissent les impressions du dehors. Notre premier ancêtre ne put pas s'élever spontanément à l'idée d'un véritable instrument métallique; il lui fallut d'abord remarquer que la matière nouvelle pouvait se plier à des formes meilleures, mais nous n'avons pas pour cela le droit de critiquer l'esprit étroit de ce premier ancêtre, nous qui, aujourd'hui même et sur une plus large échelle, commettons la même faute. En effet, avec quelle peine extrême parvenons-nous à dépouiller ce qui est vieux, ce qui est caduc, aussi bien dans le domaine de l'esprit que dans celui de la matière! Songeons par exemple à la construction excessivement défectueuse de nos voies ferrées et de nos wagons, qui sont entièrement conformes aux routes postales et aux incommodes diligences d'autrefois. Pourtant avec les moyens dont nous disposons et si nous n'avions pas ces modèles sous les yeux, il serait facile d'arriver à une organisation infiniment mieux adaptée au but et en même temps moins dangereuse, plus agréable et plus commode (56).

Après cette digression revenons à notre objet principal, à l'âge de pierre, dont les trois phases ou divisions en âges *ancien*, *moyen* et *récent* nous peuvent fournir une excellente image de la marche graduelle et ascendante de la civilisation.

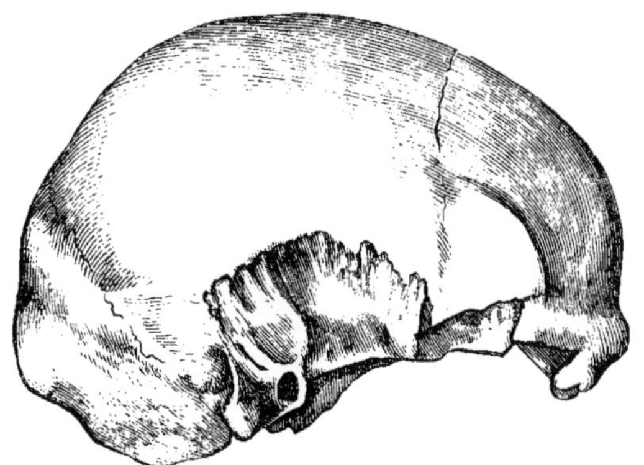

Fig. 26. — Crâne d'Engis, d'après le moule; profil. (D'après les *Leçons sur l'homme*, par C. Vogt.)

L'ancien âge de pierre est caractérisé par ces grossières haches faites sur le modèle de celles d'Amiens, d'Abbeville, d'Hoxne, etc. On les trouve principalement dans les couches de gravier ou de sable des anciens lits de fleuves, parfois aussi dans les plus anciennes cavernes. Ces haches n'offrent aucune trace d'un travail délicat. On les obtenait par le choc simple ou en les chapelant. Aucun poli, pas de trou pour le manche, nulle ornementation, etc., etc. Avec elles on ne trouve pas trace de métal, point de poterie, pas de débris d'animaux domestiques : au contraire, les ossements d'animaux diluviens depuis longtemps éteints, tels que l'ours des cavernes, le mammouth, le rhinocéros lanigère, etc., sont très-nombreux. John Lubbock (*Prehistoric Times*, etc., London,

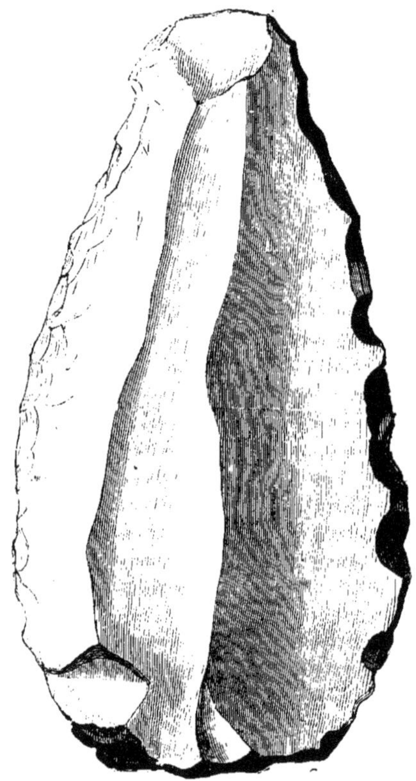

Fig. 27. — Silex taillé, carrières de Levallois. (Collection *Reboux*, grand. nat.)

1865) appelle ce premier âge de la pierre : l'âge *paléolithique*, pour le distinguer du deuxième, ou âge *néolithique*. On a selon lui, et comme nous l'avons déjà dit, découvert jusqu'ici du moins cinq mille de ces instruments de silex dans le nord de la France et le sud de l'Angleterre.

M. E. Lartet croit devoir distinguer ici une ancienne période de l'ours des cavernes et une période plus récente de l'éléphant et du rhinocéros. D'autres, et parmi eux C. Vogt, ont considéré cette division comme superflue (57).

L'homme de cet ancien âge de pierre, qu'il faut regarder d'ailleurs comme le rejeton, le descendant d'une race plus vieille et plus grossière encore de la période tertiaire, était selon C. Vogt (*Archiv für Anthropologie*, 1866, Heft I), à en juger par les crânes d'Engis et de Néanderthal, un homme de haute taille; il était robuste et son crâne était de forme allongée. Il honorait ses morts, connaissait le feu, construisait des foyers, fendait les os longs pour en extraire la moelle et les crânes pour en enlever le cerveau. Des coraux, des dents d'animaux formaient sa parure. Ses vêtements étaient, soit des peaux d'animaux, soit des écorces foulées. Il avait des haches grossières, des couteaux grossiers détachés d'un rognon de silex, des os ouvrés pour différents buts. Il était répandu sur toute l'Europe centrale de ce côté des Alpes, à en juger du moins par la grande quantité d'instruments de silex trouvés dans les cavernes européennes.

Cette peinture n'est pas faite seulement d'après le grossier aborigène de l'époque diluviale. Le peintre paraît avoir eu alors sous les yeux une série d'objets trouvés dans les cavernes et provenant d'une période un peu postérieure. Westropp, qui distingue quatre stades dans le développement de la civilisation, appelle ce premier stade de l'humanité le stade de la barbarie ; viennent ensuite les stades de la chasse, de la vie pastorale, puis de la vie agricole.

L'âge de pierre ancien se relie à l'âge moyen, qui est caractérisé par des armes de pierre, des instruments en silex d'un travail plus délicat et d'une perfection plus grande. On pourrait appeler cet âge : la période des couteaux de silex, car on les y trouve en nombre énorme,

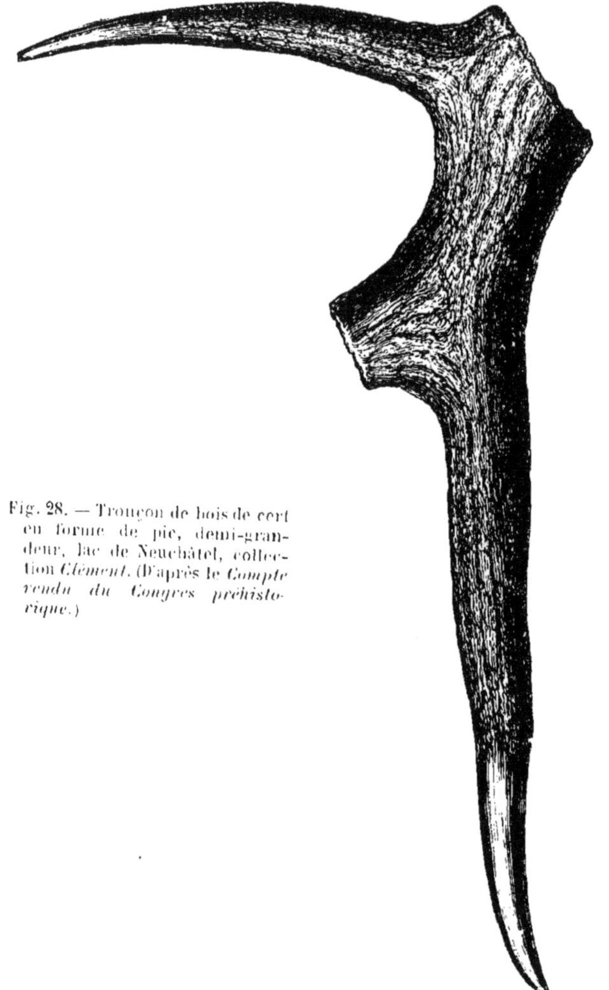

Fig. 28. — Tronçon de bois de cerf en forme de pic, demi-grandeur, lac de Neuchâtel, collection *Clément*. (D'après le *Compte rendu du Congrès préhistorique*.)

tandis que les haches sont proportionnellement bien moins nombreuses. Le plus habituellement cependant on désigne cette période sous le nom d'*âge du renne*, et l'homme de ce temps est appelé *homme du renne* à cause de la quantité considérable de bois de renne (et de cerf) travaillés et ciselés que l'on a trouvée dans les gisements de ce temps. Les os, les arêtes, les coquillages, etc., étaient travaillés, soit dans un but industriel ou d'utilité domestique, soit comme bijoux. Deux circonstances montrent pourtant combien l'homme de ce temps était peu avancé dans la civilisation ; il n'avait pas d'animaux domestiques, le chien excepté ; et la seule poterie dont il nous ait laissé des débris est noire et grossière. Les ossements d'animaux que l'on a trouvés appartiennent, soit à des espèces éteintes, soit à des espèces encore vivantes, mais qui de temps immémorial ont rétrogradé dans les régions boréales. D'ailleurs, toute la période du renne est parfaitement préhistorique, puisque, de l'aveu unanime des savants, le renne a émigré de nos contrées avant la période historique.

A cet âge appartiennent la plupart des objets trouvés dans les cavernes, particulièrement dans les nombreuses cavernes du sud de la France qui ont fourni à l'antique histoire de l'homme un si riche butin. Il semble donc que l'homme de l'âge du renne ait vécu principalement, si ce n'est exclusivement, dans les cavernes. D'ailleurs ce ne fut pas seulement à cette époque, mais longtemps avant et après que les cavernes ont servi à l'homme d'habitations ou de retraites (58).

C'est aussi dans cette série qu'il faut ranger la caverne d'Aurignac, dont nous avons parlé en commençant, et où l'on a trouvé des couteaux de silex, des objets pour la parure, des instruments d'os, etc. Une particularité caractéristique est que dans les cavernes de cet âge on a trouvé beaucoup de restes humains, ce qui, on le sait, et jusqu'ici du moins, est rare dans les périodes plus récentes de l'âge de pierre. D'après C. Vogt, les crânes de ce temps ont le front aplati, la région postérieure très-développée, la voûte crânienne en forme de toit (comme chez les crânes australiens). A cette conformation se lie ordinairement un fort prognathisme, la brièveté de la tête, une faible structure générale, de sorte que le portrait général de l'homme du renne répond généralement au type lapon. Le grand développement du sens artistique, qui perce dans les sculptures, les dessins de l'homme du renne, que nous avons décrits, est très-remarquable; et le progrès qu'il fit faire à la civilisation en travaillant plus habilement ses armes, ses ustensiles, en inventant la poterie, est très-considérable. Selon C. Vogt, l'homme du renne excellait particulièrement à travailler les os. Évidemment il vivait de chasse et de pêche, et correspond par conséquent à la phase de la chasse, la deuxième des quatre phases de civilisation établies par Westropp. Cet auteur range dans cette phase aussi les *kjökkenmöddings* ou débris de cuisine, où l'on ne trouve que des silex taillés et point encore de silex polis par le frottement.

Dans ces dernières années, une lumière particulièrement éclatante a été projetée sur l'âge du renne et l'homme du renne par les fouilles minutieuses exécutées dans les cavernes belges et dont nous avons parlé, ainsi que par la célèbre découverte faite aux sources de la Schussen, à Schussenried (59).

A l'âge de pierre moyen se rattache l'âge de pierre récent, ou l'âge de pierre néolithique de Lubbock. Ce qui caractérise cet âge, c'est la profusion d'armes de pierre et d'instruments de silex délicatement travaillés ; c'est que ces instruments ne s'obtiennent plus simplement, comme jadis, par la taille, par des chocs, mais qu'ils sont aiguisés et polis par le frottement. En outre, ces objets sont ornés de dessins gravés; enfin ils sont munis de trous destinés à recevoir un manche. Ces instruments de pierre aiguisée ou polie sont depuis longtemps connus : ils fourmillent pour ainsi dire dans tous les musées et ont reçu à cause de leur forme le nom de *Celtæ* ou *Celts*, du mot latin *celtis*, ciseau. Le plus habituellement les Celtæ ont été trouvés dans le Nord, particulièrement en Danemark (40).

Ce qui distingue en outre cet âge de pierre récent des deux âges qui l'ont précédé, c'est que l'art du potier, si important pour le progrès de la civilisation, y a acquis une perfection plus grande, et que, dans les gisements de cette époque, on rencontre de nombreux débris de vases de terre travaillés à la main (41).

Un progrès non moins important de la civilisation se reconnaît à l'abondance des os d'espèces privées ou domestiquées et à des signes indiquant que l'on commence à cultiver le sol, à élever du bétail. L'homme de cette époque, plus voisin corporellement et intellectuellement de l'homme actuel, n'a donc pas été seulement chasseur, mais aussi, pour une part, berger et agriculteur. Il a su plus tardivement filer, tisser de grossières étoffes, bâtir des huttes, des habitations solides.

Les traces de cette antique période sont répandues presque par toute la terre, et habituellement on y rapporte toutes les découvertes faites dans les couches alluviales, par exemple les tourbières dont nous avons parlé, les débris de cuisine, les pilotis suisses, les habitations trouvées en Irlande sur le rivage de la mer, les tumulus ou monticules mortuaires, les dolmens, etc., etc. Il faut aussi comprendre dans cette époque les débris de la période dite celtique. D'ailleurs, dans ses manifestations dernières, cette phase se prolonge profondément dans les temps historiques.

En outre, il y a, dispersés par toute l'Europe, beaucoup de tombeaux qui, d'après leur contenu, appartiennent à l'une des deux dernières périodes de l'âge de pierre. Or ce contenu montre par la délicatesse, le perfectionnement graduel du travail observable sur les armes, les instruments, par les adaptations les plus variées des objets aux différents buts de la paix et de la guerre, la marche progressive des peuples de l'âge de pierre.

A ce sujet, remarquons encore que cette évolution nécessita d'énormes laps de temps, et que le progrès dut être d'autant plus lent que l'homme était plus primitif, plus dépourvu de moyens d'agir, plus misérable. Que de milliers d'années ont pu s'écouler avant que le passage de l'âge de pierre le plus ancien à l'âge de pierre moyen ait pu s'effectuer, avant que l'homme ait pu arriver à perfectionner, à améliorer la forme des grossières haches de pierre primitives, avant qu'il ait su adapter ses matériaux à des usages divers.

Cette lenteur extraordinaire du progrès ne saurait d'ailleurs surprendre, si l'on se rappelle le tableau que nous avons tracé de ce temps, si l'on songe d'une part aux difficultés énormes avec lesquelles l'homme primitif eut à lutter, si l'on songe d'autre part que, chez lui, les impulsions, tant internes qu'externes, vers le progrès étaient faibles ou absentes. Car la stabilité, le penchant à l'invariabilité, à l'immobilité peuvent être regardés comme le caractère principal du sauvage ou de l'homme primitif. A moins d'une impulsion venant du dehors, il n'y a pas de raison pour que ce caractère ne persiste presque indéfiniment, comme on le peut observer chez les sauvages contemporains, qui, pendant des milliers d'années, s'arrêtent au même degré de civilisation sans accomplir de progrès essentiel. A ce sujet, Lyell dit très-justement : « Combien peut être fixe et immuable une civilisation médiocrement avancée, c'est là un sujet d'étonnement pour tous les Européens qui voyagent en Orient. Un de mes amis me racontait, que le souhait habituel des Asiatiques : « Puissiez-vous vivre « mille ans ! » ne lui semblait nullement extraordinaire. Car cela signifiait que, s'il eût été contraint de vivre toujours parmi eux, il n'eût pas échangé plus d'idées et n'eût pas aperçu plus de progrès en dix siècles que dans un demi-siècle passé dans sa patrie. »

Précisément le début de la civilisation doit avoir été le plus difficile et le plus long, et cela est facile à concevoir, car avec chaque nouveau progrès croissaient nécessairement les moyens et le désir de triompher des difficultés et des obstacles. A propos des obstacles extérieurs, disons que d'abord les grands animaux diluviens devaient disparaître et les puissantes catastrophes géologiques cesser, avant que l'homme pût trouver assez d'espace, assez d'occasions pour développer ses forces et propager son espèce. Même alors, que d'impulsions de mille sortes durent être nécessaires pour contraindre l'homme primitif, sans activité, sans intelligence, à sortir de sa nature apathique, pour lui inspirer le besoin d'un progrès quelconque ! lui qui, successivement, génération sur génération, se couchait dans la tombe sans se perfectionner, à la manière des animaux. Je considère comme des impulsions de ce genre les principaux événements naturels, les changements géographiques et climatériques, l'irruption, l'invasion d'une race étrangère, la guerre, la faim, l'expulsion des contrées où l'on avait établi sa résidence, les émigrations, le commencement des relations commerciales, le graduel perfectionnement du langage, etc. ; enfin, et tout particulièrement, l'apparition de quelques individus mieux doués, s'emparant de la souveraineté politique ou intellectuelle, etc.

Sans des pertubations de ce genre l'état de sauvagerie de notre primitif ancêtre aurait pu persister jusqu'à nos jours. Bien des gens parlent d'un instinct de progrès inné et nécessaire dans la nature humaine; ils croient que partout et fatalement cet instinct doit se faire jour. Mais, en présence de tant de faits éloquents qui disent le contraire, un homme impartial admettra difficilement cette nécessité. En effet, il y a des peuples qui, depuis le commencement des temps historiques, sont restés au même degré de culture ; il en est d'autres, les Chinois par exemple, qui se sont élevés à un certain degré de culture et y sont restés ; enfin nous apercevons un troisième groupe de nations, et un groupe relativement petit, qui, jusqu'à ce jour, paraît se perfectionner incessamment. Mais ce progrès même ne résulta pas toujours d'une impulsion intérieure ou spontanée, et, dans le cours de l'histoire, nous voyons cette impulsion ordinairement venir du dehors. Aussi voyons-nous que les nations jadis les plus grandes, les plus puissantes, les plus avancées, l'Égypte, l'Assyrie, la Judée, la Grèce, Rome, etc., sont aujourd'hui ensevelies dans une ruine presque complète ; que toute leur civilisation est morte, tandis que des peuples, des contrées tout autres ont pris leur place sur la route du progrès. Aussi est-il bien possible ou même vraisemblable que l'Européen primitif ne serait jamais sorti des liens étroits de sa grossière nature sans les impulsions venues du dehors et surtout sans les invasions périodiques de races étrangères plus civilisées. L'indigène européen a-t-il été expulsé ou anéanti totalement par les nouveaux venus ? s'est-il simplement mélangé avec eux et par là a-t-il ennobli sa race? Ce sont des questions auxquelles il est difficile de faire une réponse directe. Pourtant le dernier cas est de beaucoup le plus probable (42).

Ici se termine ce qu'il est possible de dire sur l'homme primitif et sa grossièreté native, dans l'état de pauvreté si grande où sont nos connaissances actuelles. Il est à remarquer qu'un certain souvenir de cet état paraît avoir persisté dans la mémoire des anciens peuples, puisque chez beaucoup d'entre eux nous trouvons l'incontestable tradition d'un primitif et grossier début dans la civilisation. Les Chinois, par exemple, font du progrès de leur civilisation une peinture qui, dans ses lignes fondamentales, concorde bien avec le résultat des recherches scientifiques. Cette peinture commence au temps où l'homme vivait nu sur les arbres et ignorait l'usage du feu. Plus tard il se vêtit avec des feuilles et des écorces d'arbre, puis, plus tardivement encore, avec des peaux, etc. De même, d'après le professeur Spiegel (Genèse et Avesta), les plus anciennes traditions ou légendes des Hébreux, des Indiens, des Babyloniens, etc., indiquent toutes un état de sauvagerie primitive, d'où, avec l'aide de Dieu ou d'hommes spécialement doués, appelés patriarches, le genre humain s'est élevé à un degré plus élevé de perfectionnement. Au dire des Babyloniens, leurs dix premiers patriarches ont vécu ensemble 432,000 années. Les légendes héroïques des Iraniens (Perses) indiquent aussi un graduel développement du genre humain à partir d'une sauvagerie complète jusqu'à un état social régulier, et les degrés qu'ils indiquent leur sont communs avec les Sémites. Leur premier roi, Gaiumard, enseigna aux hommes à se vêtir avec les peaux des animaux et à manger les fruits des arbres, tandis qu'un arbre embrasé fortuitement apprit plus tard à un autre roi (Huscheng) l'usage du feu. On y crut reconnaître aussitôt quelque chose de divin, et le culte du feu commença. De même, chez les Phéniciens, l'usage du feu et l'art de le produire par le frottement sont placés dans la deuxième génération du genre humain. D'après un ancien document iranien, le *Bundehesh*, les premiers hommes ne vivaient que de fruits et d'eau. Puis ils se servirent de lait, de viande, apprirent à faire le feu, s'habillèrent avec les peaux des animaux, bâtirent des cabanes, etc., etc. Dans l'antiquité, on ne se fit pas généralement une autre idée de l'état primitif de notre espèce et de son développement lent et graduel, à part les idées plus poétiques sur d'anciens âges d'or et d'argent, dont nous avons déjà parlé. On peut citer comme exemple le fameux passage d'Horace (*Satires*, liv. I, 3,99), qui du reste paraît calqué sur la thèse de la philosophie épicurienne au sujet de la création, telle qu'on la trouve dans le cinquième livre du poëme didactique de Lucretius Carus.

« Semblables aux bêtes, dit Horace, ils rampèrent d'abord sur le sol, troupeau muet et sordide, se disputant des glands ou un gîte, d'abord avec les ongles et les poings, puis avec des bâtons et enfin avec des armes que l'expérience leur avait enseigné à fabriquer. Ensuite ils trouvèrent des mots et des noms pour exprimer leurs idées et leurs sensations. Alors ils commencèrent à se lasser de la guerre, à fortifier leurs villes, à établir des lois, etc. »

Toutefois, après l'antiquité classique, sous une influence nullement scientifique que je ne veux pas caractériser autrement ici, une conception tout à fait contraire à celle que nous avons exposée se forma, et peu à peu elle obtint l'assentiment presque général. D'après cette opinion, l'homme primitif n'a pas été un grossier sauvage, mais au contraire un homme aussi parfait que possible, doué des qualités les meilleures et les plus hautes. Quant à nous, nous ne sommes que la postérité dégénérée, corrompue par le péché et le travail, d'une race créée meilleure et plus noble. Une conséquence de cette vue fut que l'on aima à se figurer les sauvages actuels comme les descendants dégradés et dégénérés d'ancêtres mieux doués, et même les hommes de science adoptèrent parfois cette idée[1].

C'est dans ce sens que le comte de Salles dit : « L'homme, façonné par Dieu, fut, en sortant des mains du Créateur, un ouvrage parfait, achevé de corps et d'esprit. Quelle que soit la dégradation momentanée de beaucoup d'hommes, la civilisation est leur dernier but, comme elle a été leur état originel[2]. »

« On conçoit difficilement, ajoute M. de Quatrefages à la citation de ce passage, sur quels faits s'appuie cet auteur. » En réalité, cette opinion, née de la théorie, s'appuie seulement sur des fondements théoriques, car elle est en contradiction manifeste avec tous les faits connus. Si les hommes de nos jours étaient réellement la postérité dégradée et dégénérée d'une race plus noble et meilleure, on ne comprendrait pas que le genre humain actuel pût encore durer, car c'est un fait d'observation bien connu que les peuples et les individus dégénérés ou dégradés n'ont jamais une longue existence, mais disparaissent graduellement.

Lyell prend excellemment parti contre cette opinion dans les termes suivants :

[1] Pour plusieurs ou plutôt pour quelques races sauvages cette manière de voir peut sans doute être fondée, mais comme règle générale elle est complètement fausse.

[2] Le grand poëte Milton s'attache aussi à cette hypothèse de la perfection de l'homme primitif, et chante Adam comme le plus parfait des hommes, Ève comme la plus belle des femmes.

« Si la race d'où descend l'humanité avait été réellement douée d'une si haute puissance intellectuelle ; si une science tombée du ciel lui avait été octroyée ; si elle avait eu la nature perfectible de sa postérité, cette race aurait dû, avant de déchoir, parvenir à un degré de progrès infiniment plus élevé. Nous sommes maintenant hors d'état de déterminer les limites du premier âge de pierre, tant à son début qu'à sa fin ; mais pendant sa durée l'homme a été contemporain de mammifères éteints, et l'on ne peut douter de la longue durée de cet âge. Pendant cette période, il y aurait eu place pour un progrès si grand que nous pourrions à peine nous le figurer aujourd'hui. Les œuvres d'art que nous extrairions des carrières à sables de Saint-Acheul (vallée de la Somme) ou des cavernes belges, seraient tout autres, et nous aurions de la peine à les comprendre. Là ou dans les couches étagées des régions méditerranéennes, sur les côtes méridionales de la Sardaigne, au lieu de poteries grossières, au lieu d'ustensiles de pierre tellement irréguliers dans la forme qu'un œil non expérimenté hésite à y reconnaître l'œuvre d'une main d'homme, nous rencontrerions des sculptures qui surpasseraient en beauté les chefs-d'œuvre de Phidias et de Praxitèle, des débris de lignes ferrées ou de télégraphes électriques, où nos meilleurs ingénieurs puiseraient des indications d'une inestimable valeur ; des instruments astronomiques et des microscopes d'une construction plus parfaite que tout ce que l'on connaît en Europe, et d'autres signes d'un progrès artistique et scientifique dont le dix-neuvième siècle n'a pas encore l'idée. Mais en outre, ce triomphe du génie inventif aurait été d'autant plus grand à l'époque plus tardive où se sont formées les couches de ce que nous appelons aujourd'hui les âges de bronze et de fer. En vain nous ferions des efforts d'imagination pour deviner l'usage et le sens de ces débris. Sûrement il y aurait des machines pour voguer dans l'atmosphère, ou pour explorer les profondeurs de l'Océan, ou bien pour résoudre des problèmes d'arithmétique bien supérieurs aux besoins et à la portée intellectuelle de nos mathématiciens actuels. »

Cependant nous ne trouvons dans les profondeurs du sol rien de pareil à ce que décrit Lyell. Au contraire, toutes les pièces exhumées plaident pour une opinion opposée, d'où nous devons conclure, contrairement à cette manière de voir, qui ne cesse de reparaître de temps en temps (45), que l'homme n'a pas commencé par être *grand* pour devenir *petit*, mais que, conformément à la loi presque sans exception des choses humaines, il a commencé par être *petit* pour finir par devenir *grand*.

De ces deux opinions, laquelle est non-seulement la plus vraisemblable, mais encore la plus consolante, la plus satisfaisante ? Sûrement, nous pouvons laisser le lecteur répondre à cette question. C'est à la seule condition de méconnaître pleinement la vérité et la droite raison, que tant de gens peuvent repousser comme pénibles et attristantes les vues développées dans cet ouvrage au sujet de l'âge et des commencements de notre espèce : c'est à cette seule condition qu'ils peuvent voir là un danger pour le sentiment de notre dignité d'homme. Quant à ce faux orgueil nobiliaire qui regarde une humble origine comme méprisable et dégradante, nous pensons ne le pouvoir mieux combattre qu'en citant les paroles si justes employées par le célèbre anatomiste anglais Huxley, dans son remarquable traité *de la Place de l'homme dans la nature*.

« Les hommes qui pensent, une fois délivrés de l'influence aveugle des préjugés traditionnels, trouveront dans le fait même de l'élévation de leur semblable au-dessus de la souche inférieure où il a pris naissance, la meilleure preuve de la grandeur de ses forces ; ils reconnaîtront dans les lents progrès à travers les âges écoulés des motifs raisonnables pour croire à la réalisation d'un avenir plus noble[1]. »

En réalité, plus notre origine a été humble, plus notre place actuelle dans la nature est relevée! plus notre début a été petit, plus notre maturité est grande! plus la lutte a été pénible, plus la victoire est éclatante! plus la route pour arriver à notre civilisation a été fatigante et longue, plus précieuse est cette civilisation, car il a fallu d'autant plus d'efforts, non-seulement pour l'établir, mais pour la perfectionner. Pour le penseur, pour quiconque a un jugement droit, nulle humiliation, nul découragement ne résulte de la connaissance de l'antiquité et de l'origine de l'homme ; au contraire, on doit y gagner un encouragement à grandir encore! Vraisemblablement tout ce que nous possédons de culture, de civilisation, d'art, de science, de morale, de progrès, etc. résulte simplement d'un lent et pénible développement, d'une ascension accomplie par l'homme seul, de degré en degré, de connaissance en connaissance, à partir d'un état grossier, bestial, à travers des laps de temps si énormes, qu'en comparaison la durée de notre existence individuelle est celle d'un éclair. A la lumière d'une telle connaissance, notre civilisation nous doit naturellement sembler doublement estimable, doublement précieuse, doublement grande, puisqu'elle est le faîte d'un immense édifice dont la construction a usé, a épuisé les forces de tant de générations humaines, et que ceux-là qui ont

[1] Th.-H. Huxley, *de la Place de l'homme dans la nature*, traduit par M. E. Dally. Paris, in-8°. J.-B. Baillière, 1868.

posé la première pierre de cet édifice n'ont pas même pu soupçonner la sublime grandeur à laquelle il devait atteindre !

Dans sa Conférence aussi poétique que vraie sur l'homme fossile, M. le professeur Joly, de Toulouse, s'écrie, afin de bien faire comprendre à ses auditeurs l'énorme grandeur des progrès accomplis par la science et l'industrie depuis les temps les plus reculés jusqu'à nos jours : « Certainement, messieurs, ces marteaux fragiles de silex des premiers habitants des Gaules ne peuvent pas se comparer à ces lourds martinets qu'une chute d'eau ou la vapeur mettent en mouvement dans nos usines. Il y a bien loin de ces frêles esquifs, de ces pirogues creusées par la hache et le feu, à nos immenses vaisseaux de guerre cuirassés. Il y a bien loin encore de ces tissus grossiers, fabriqués à Wangen et à Robenhausen, à ces tissus souples, délicats, splendides que produisent nos métiers à la Jacquart. »

« Les hommes de l'âge de pierre et de bronze ne se doutaient certainement pas qu'un jour les machines les plus ingénieuses remplaceraient le travail des mains et en centupleraient les produits en les perfectionnant. Ils ne pouvaient pas s'imaginer que la vapeur transporterait en quelques jours nos vaisseaux de l'un à l'autre hémisphère ; que le blond Phœbus et la pâle Phœbé peindraient eux-mêmes leur image dans une chambre obscure ; que le maître du tonnerre Jupiter aux noirs sourcils, comme on devait l'appeler plus tard, serait réduit de nos jours au rôle de simple facteur de la poste aux lettres, et que l'homme, armé de la pile de Volta, pourrait introduire une lumière plus brillante que le soleil là où le soleil n'avait jamais pénétré. Ils ne se doutaient pas surtout que leur propre existence serait contestée et même niée par les savants de l'Institut. » (*Revue des cours scientifiques*, 2e année, n° 16.)

A vrai dire, en exposant les considérations et les développements qui précèdent, nous avons empiété sur le sujet de cet ouvrage, car les idées qu'il défend touchant la place de l'homme dans la nature ne seront pas prouvées seulement par les résultats actuels de l'archéologie ou par les recherches relatives à l'antiquité géologique de l'homme et à son état primitif. Nous nous appuierons aussi, et même encore plus, sur les résultats obtenus par la zoologie systématique, l'anatomie comparée, la physiologie, l'ethnographie et toutes les sciences alliées à celles-là, mais avant tout sur l'embryologie ou histoire du développement de l'organisme humain et animal. Les résultats empruntés à des sciences si diverses concordent tous d'une façon si évidente et si surprenante ; tous nous indiquent si bien une seule et même direction que, je l'espère, aucun doute sur la place réelle et vraie de l'homme dans la nature ne restera plus au lecteur attentif, à la fin de notre deuxième livre. C'est cette seconde partie qui traitera de tous ces rapports au point de vue de notre deuxième grande question : Qui sommes-nous ?

Cette seconde partie contiendra aussi une exposition et un compte rendu des théories nouvelles sur les questions infiniment importantes de l'origine et de la généalogie de l'homme. On y verra comment dans ces derniers temps on s'est efforcé de donner une base scientifique à l'opinion qui considère l'homme simplement comme un rejeton du monde animal ambiant.

APPENDICE

MATÉRIAUX JUSTIFICATIFS

(1)... *du système astronomique de Copernic.* — En 1543, Nicolas Copernic publia son célèbre livre sur les *Orbites des corps célestes*, livre qui opéra une révolution complète non-seulement dans l'astronomie, mais dans toute l'ancienne conception générale de l'univers. En récompense, Copernic fut déclaré fou par ses contemporains ! Même le grand réformateur, Martin Luther, qui à la vérité était théologien comme son adversaire, comprit si peu la nouvelle découverte, qu'il se montra adversaire acharné de Copernic, et, dans ses *Propos de table*, il dit de lui, entre autres choses : « Le fou veut bouleverser toute la science de l'astronomie. Mais, comme l'indiquent les saintes Écritures, c'est au soleil et non point à la terre que Josué ordonna de s'arrêter. » Nos zélateurs contemporains, adversaires des sciences nouvelles, pourraient trouver là un exemple !

(2)... *comme antédiluvien.* — Autrefois on croyait le passé de notre terre nettement séparé de son présent, et l'on se figurait que la terre, dans sa constitution actuelle, était entrée dans une période de repos, de lassitude, que ses forces étaient en parfait équilibre, tandis que précédemment avaient lieu de grandes révolutions, des catastrophes, des bouleversements terribles, accompagnés de l'extermination périodique de toutes les espèces organisées. On pensait que ces deux périodes du passé et du présent avaient été séparées par une grande inondation ou « déluge du péché, » qui avait eu lieu peu avant le commencement de l'ère historique et avait détruit la plus grande partie de la création organique d'alors, mais d'un seul coup. La dénomination *monde primitif* ou *antédiluvien* (*Vorwelt*) et l'adjectif *antédiluvien* ont donc le même sens que l'expression si souvent usitée encore « antérieur au déluge du péché » (*Vorsündfluthlich*). Remarquons ici que l'orthographe du mot *Sündfluthlich* (déluge du péché) est tout à fait vicieuse; elle favorise la croyance erronée suivant laquelle ce déluge était destiné à détruire des hommes coupables. La vraie racine du mot *Sündfluth* est au contraire le vieux mot germanique *Sin* ou *Sint*, qui signifie grand, puissant, durable, etc., et doit par conséquent exprimer seulement l'idée d'une grande, d'une énorme inondation. La vraie orthographe du mot est donc *Sintfluth*. Il est démontré maintenant que la supposition exposée tout à l'heure est géologiquement fausse. Sans doute il est vraisemblable que, notamment dans le cours de l'époque glaciaire (sous-division de la grande époque quaternaire), il y eut un grand déluge, mais un déluge qui ne submergea point simultanément toute la surface de la terre. Ce déluge ne fut pas produit par une catastrophe unique, subite, mais par des phénomènes nombreux, successifs, se déroulant pendant de longs espaces de temps. Ainsi les puissants animaux de ce temps ne se sont pas éteints d'un seul coup, mais tout à fait graduellement, successivement, et il n'y a donc pas de frontière bien nette entre le monde primitif (*Vorwelt*) et le monde actuel (*Jetztwelt*), entre ce qui a précédé le déluge du péché (*Vorsündfluthlich*) et ce qui a suivi le déluge du péché (*Nachsündfluthlich*). En réalité, nous ne connaissons que des changements graduels dans une série interrompue d'événements géologiques. Aujourd'hui encore, les mêmes forces travaillent, les mêmes changements s'exécutent, sans modification importante, et ils modifient la surface terrestre. Pourtant il existe entre autrefois et aujourd'hui une grande différence, c'est que, à l'époque diluviale, nous trouvons une disposition générale toute différente; la forme de la surface terrestre est autre; le cours des fleuves est autre et moins encaissé; il y a une autre distribution de la terre ferme et des eaux; des couches terrestres d'une autre espèce et surtout une faune et une flore tout autres ; par exemple, la faune comprend les espèces diluviales caractéristiques déjà citées.

Aux terrains dits du *diluvium* confine immédiatement ce que l'on appelle l'*alluvium* ou terrain de nouvelle formation. Ce sont des couches géologiques analogues aux dépôts, aux précipités que nos fleuves actuels forment encore aujourd'hui sur leurs rives et à leurs embouchures. Cette période suppose essentiellement une disposition générale de la surface terrestre semblable à celle d'aujourd'hui, et surtout une faune et une flore analogues à celles de nos jours. Point de ligne de démarcation tranchée entre ces deux périodes qui se continuent par une transition graduelle. On peut donc employer le mot vulgaire « antédiluvien » (*vorweltlich*) ou antérieur au déluge du péché (*vorsündfluthlich*), en lui donnant le sens de l'expression usuelle *fossile* ou *pétrifié*, mais il faut bien se garder d'y attacher l'idée que l'ancienne doctrine géologique désignait ainsi. La découverte d'Aurignac, comme le dit notre texte principal, fortifie cette manière de voir. Elle prouve l'existence *antédiluvienne* de l'homme, qui évidemment était là contemporain d'animaux éteints. Ce résultat anéantit l'opinion jadis tenue pour vraie et d'après laquelle l'homme serait apparu sur la terre pendan l'alluvium.

D'ailleurs, presque tous les peuples de la terre ont la tradition d'un grand déluge qui extermina la plupart des êtres vivants, n'en épargnant qu'un petit nombre, d'où sont descendues les générations suivantes. On a voulu se servir de ce fait pour prouver la réelle généralité de cette grande inondation. L'Église catholique, qui d'abord inclinait à donner une valeur dogmatique à l'idée d'un déluge général, se décida enfin pour le parti contraire, en 1686, à la suite d'un rapport du bénédictin François Mabillon, et elle accorda sur ce point la liberté des opinions.

(3)... *que l'on reconnut plus tard être simplement des ossements d'animaux.* — De tous les faits de ce genre, le plus connu est le célèbre *homo diluvii testis* du professeur Scheuchzer de Zurich. En l'année 1726, Scheuchzer découvrit dans un fameux gisement de pétrifications, à Œningen dans le pays de Bade, un squelette complétement pétrifié. Il prétendit y voir les restes d'un enfant de quatre ans (*Andrias Scheuchzeri*). Ce squelette inspira à un théologien du temps les vers célèbres :

> O triste charpente osseuse d'un pauvre pécheur !
> Puisse-t-elle attendrir le cœur et l'esprit des nouveaux enfants du
> mal ! etc.

Plus tard on reconnut dans ces débris les restes d'une gigantesque salamandre.

Une deuxième histoire du même genre, mais assez plaisante, se produisit en 1613. On déterra dans le sud de la France, près de Chaumont, les ossements d'un mammouth ou éléphant antédiluvien. Aussitôt un chirurgien spéculateur, nommé Mazurier, déclara que c'étaient là les restes pétrifiés du célèbre roi cimbre Teutobochus, défait, 102 ans avant Jésus-Christ, par Marius, dans la grande bataille d'*Aquæ Sextiæ* (Aix), et qui, d'après la légende, était si grand, que sa tête dépassait les étendards de l'armée et qu'il pouvait franchir six chevaux d'un seul bond. Mazurier fit voir les os pour de l'argent et gagna ainsi des sommes considérables. Enfin, après la publication de nombre de savants traités, après nombre de polémiques scientifiques, la fourberie fut démasquée. Ces découvertes et d'autres analogues ont pu donner naissance à la croyance jadis si répandue et suivant laquelle une race de géants existait autrefois.

De même, on prit longtemps les os d'un hippopotame, déterrés en Sicile, pour ceux d'un de ces géants si célèbres dans la mythologie grecque pour avoir voulu escalader les cieux.

(4)... *la prétendue opposition du célèbre anatomiste et naturaliste Cuvier.* — Cuvier, qui, dans son célèbre ouvrage *Recherches sur les ossements fossiles* (1812), systématisa et ordonna le premier la science, jusqu'alors très-imparfaite, des débris fossiles, et qui, à cause de l'étendue de ses connaissances, méritait tout à fait d'être pris pour guide dans cette région du savoir humain, passe, selon l'opinion générale, pour avoir déclaré impossible l'existence de l'homme fossile ou antédiluvien. Mais, en réalité, c'est à tort que l'on a invoqué et que l'on invoque son autorité. En effet, bien loin de se prononcer, comme on le croit, Cuvier dit seulement que l'*on n'a encore trouvé ni homme, ni singe fossile*. De son temps il avait raison de parler ainsi ; il aurait tort dans le nôtre, puisque l'on connaît aujourd'hui non-seulement des singes fossiles en quantité, mais aussi des hommes fossiles. Très-certainement, si Cuvier vivait encore, il apporterait à l'opinion contraire à son ancienne manière de voir tout le poids de sa puissante autorité.

Le fait est d'ailleurs si important, que je crois devoir rapporter ici les propres paroles de Cuvier. Dans son *Discours sur les révolutions du globe* (1825), Cuvier s'exprime en ces termes :

« Mais je n'en veux pas conclure (de l'absence de singes et d'hommes fossiles) que l'homme n'existait point du tout avant cette époque. Il pouvait habiter quelques contrées peu étendues, d'où il a repeuplé la terre après ces événements terribles; peut-être aussi les lieux où il se tenait ont-ils été entièrement abîmés, et ses os ensevelis au fond des mers actuelles, à l'exception d'un petit nombre d'individus qui ont continué son espèce. »

Pour bien comprendre la citation, il faut se rappeler que Cuvier, selon l'opinion de son temps, croyait à un petit nombre de révolutions terrestres, grandes et générales, ce qui est en désaccord avec la réalité des faits. On voit du reste par la citation ci-dessus que les sectateurs et les imitateurs de Cuvier ont été plus orthodoxes et plus étroits dans leurs vues que le maître lui-même. C'est là un fait très-fréquent.

(5)... *la conjecture de l'existence de l'homme fossile.* — En usant de l'expression « fossile, » il faut éviter la méprise si commune qui consiste à attacher nécessairement à ce mot l'idée de pétrification.

Car, s'il est vrai que beaucoup d'objets fossiles ont été trouvés pétrifiés, ce n'est pourtant pas un caractère constant. Même de nos jours, des corps organisés se pétrifient, dans des circonstances favorables, tandis que d'autres corps enfouis depuis bien plus longtemps ne se pétrifient pas. Le mot « fossile » même (du latin *fossilis*) ne signifie pas du tout pétrifié. Il indique seulement un objet déterré des profondeurs du sol. D'après le professeur Pictet, de Genève, cette dénomination est applicable à tout débris organique provenant de couches géologiques dont la formation s'est effectuée par des procédés géologiques différents des procédés actuels. Donc, pour qu'un débris organique soit reconnu fossile, il doit remonter à une époque antérieure à l'état actuel des choses à la surface du globe.

(6)... *l'instrument était alors achevé.* — Dans les temps préhistoriques, le silex ou pierre à feu fut en Europe la substance la plus recherchée et la seule travaillée. Elle a exercé sur la marche de la civilisation une influence plus puissante qu'on ne le pense habituellement, puisque pendant longtemps tous les ustensiles fabriqués par l'homme en étaient tirés. Aujourd'hui encore, beaucoup de peuples sauvages recherchent soigneusement le silex, en partie pour sa dureté, en partie à cause du mode de sa cassure et de la facilité qui en résulte pour le travail. Si l'on frappe fortement avec un marteau arrondi la surface plate d'un silex, on produit une cassure conoïdale traversant toute la masse siliceuse. Si l'on porte le coup à l'angle d'un silex, on en détache des morceaux qui ont une forme semi-conoïdale, aplatie et en forme de couteau. Après avoir ainsi enlevé par éclats les quatre angles primitifs d'un bloc carré, on peut traiter de la même manière les huit nouveaux angles et ainsi de suite, de façon à ce qu'il ne reste plus qu'un noyau en forme de hache. Il va de soi qu'il est besoin pour cela d'un certain exercice, d'une certaine dextérité, ainsi que de beaucoup de soin dans le choix des morceaux à travailler. D'après sir John Lubbock, un silex ainsi travaillé est pour l'archéologue une preuve de l'existence de l'homme aussi sûre que le furent pour Robinson les empreintes de pieds humains sur le sable.

Le silex servait soit pour les armes, soit pour les ustensiles.

Dans le premier but, on utilisait spécialement les grands morceaux de silex, surtout pour les haches, tandis que les petits morceaux et les éclats fournissaient des couteaux, des scies, des poinçons, des pointes de flèches ou de lances, des poignards, etc., etc. Aujourd'hui encore, les sauvages, en s'aidant il est vrai du feu, se servent de ces silex ou de silex analogues pour abattre des arbres, qu'ils creusent en forme de bateau ; ils s'en servent aussi dans leurs guerres. En 1809, on découvrit en Écosse un antique tombeau de pierre qui, selon la tradition, était celui du roi Aldus M'Galdus. On y trouva le squelette très-friable d'un homme de haute taille, dont un bras avait été presque détaché du tronc par un coup de hache en silex. Un morceau détaché de la hache se trouvait encore encastré dans l'os. La pierre était en *diorite*, espèce minérale, qui ne se trouve pas en Écosse. En outre, on trouva dans la tombe d'autres instruments de pierre partiellement polis, mais aucune trace de métal. Dans des temps plus reculés, le travail du silex prit une grande extension et on trouve toutes les sortes de haches, de couteaux, de pointes de flèches et de lances, de poignards, de scies, etc., faits avec cette substance ou des substances analogues. (D'après un mémoire de sir John Lubbock. *Revue des cours littéraires* (1865-1866), nº 1. — Voy. aussi l'ouvrage du même auteur, *l'Homme avant l'histoire.*)

(7)... *on était alors moins capable d'en tirer des déductions justes.* — Autrefois, on avait si peu idée de la vraie signification des haches et des armes de pierre, qu'on les considérait avec des sentiments de crainte et d'espérance superstitieuses. On les prenait pour des productions de la foudre : d'où le nom de *pierres du tonnerre,* qui leur a été longtemps donné par les savants. Aujourd'hui même, ce nom leur est encore donné par le peuple ainsi qu'à des débris d'animaux antédiluviens. « Albinus, dans sa *Chronique de la terre et des montagnes de Misnie*, dit que le tonnerre lance ces pierres, et Happelius (Petite Description du monde) décrit leur formation aux dépens des exhalaisons aériennes avec autant de complaisance que s'il y avait assisté. Encore au commencement du siècle dernier (1734), quand Mahudel exposa à Paris, devant l'Académie, que ces pierres étaient l'ouvrage des hommes, on se moqua de lui, parce qu'il n'avait pas prouvé que ces pierres ne pouvaient s'être formées dans les nues. Aujourd'hui encore les gens du peuple les vénèrent et les portent comme des talismans, des charmes amoureux, etc. » (Schleiden.)

(8)... *cette mâchoire était contemporaine des haches en silex du diluvium.* — Les détails les plus exacts relativement à cette discussion se trouvent dans les *procès-verbaux* imprimés *des séances du congrès réuni à Paris et à Abbeville sous la présidence de M. le professeur Milne Edwards*, etc. Les savants français, MM. de Quatrefages et Broca, en parlent de même. Dans son rapport sur les travaux de la Société d'anthropologie de

Paris (1865), le dernier dit : « Tout cela vous a persuadé de l'authenticité de la mâchoire fossile de Moulin-Quignon, etc. » Et M. de Quatrefages dit dans ses Leçons anthropologiques de l'année 1865 : « La question de l'authenticité de la découverte de Moulin-Quignon est pleinement résolue. Personne ne met plus cette authenticité en doute, si ce n'est peut-être en Angleterre. »

(9)... *dans la même couche géologique.* — Les détails sur cette découverte intéressante sont contenus dans un écrit intitulé : « Note sur la découverte d'ossements fossiles humains dans le Lehm de la vallée du Rhin, etc., etc. (Colmar, 1867). » En 1865, on trouva dans le Lehm du Rhin, à Eguisheim, dans le voisinage de Colmar, en Alsace, des os humains ayant tous les caractères de l'état fossile et, dans la même couche, des ossements d'animaux antédiluviens (mammouth, cheval, cerf, bœuf primitif, etc.). Les résultats auxquels arrive l'auteur, M. le Dr Faudel, après un examen sérieux, sont les suivants :

1° La couche géologique en question est indubitablement le Lehm alpin de la vallée du Rhin (Rheinlöss);

2° Dans ce terrain non troublé, non remanié, se trouvent des ossements contemporains et fossiles d'animaux et d'homme ;

3° Les uns et les autres ont subi les mêmes altérations de texture et de composition; ils sont dans des conditions absolument identiques ;

4° On peut donc conclure de là que l'homme a vécu en Alsace au temps où le Lehm alpin s'est déposé et qu'il a été contemporain d'animaux de la période quaternaire, comme le cerf géant, le bison, le mammouth, etc. Quant aux os humains, ce sont deux fragments de crâne qui indiquent un front déprimé, des arcades sourcilières très-saillantes, une forme crânienne générale se rapprochant du type dolichocéphale, c'est-à-dire allongée. Il y a aussi beaucoup d'analogie avec le célèbre crâne de Néanderthal. Une analyse chimique très-soignée, exécutée par M. Scheurer-Kestner et portant comparativement sur les os d'homme et sur ceux d'animaux, conduisit à cette conclusion générale : « Au point de vue chimique, on doit considérer comme démontrée la contemporanéité de l'homme et des espèces éteintes. » Suivant Broca, les crânes de Eguisheim, Lahr et Engis appartiennent certainement à l'époque du mammouth. (Congrès de Paris de 1867.)

(10)... *dans une caverne calcaire de la vallée de Néander, près de Düsseldorf.* — Les détails les plus exacts sur cette découverte remarquable, et qui a fait tant de bruit, se trouvent dans le traité du professeur Schaaffhausen, *sur la crâniologie des crânes primitifs*, et dans l'écrit du docteur E. Fuhlrott, *l'Homme fossile de Néanderthal, dans ses rapports avec l'antiquité du genre humain* (Duisbourg, 1865). Ce dernier auteur, qui le premier a examiné et décrit ces remarquables débris osseux, dit textuellement : « La situation et toute la disposition générale du gisement, dont j'ai autrefois publié une description, mettent, selon moi, hors de doute que les ossements appartiennent à la période primitive du diluvium, c'est-à-dire à un temps où notre patrie était encore habitée par diverses espèces animales, entre autres par le mammouth et l'ours des cavernes, qui, depuis longtemps, ont disparu de la série des êtres vivants. » Ces os ressemblent dans tous leurs traits essentiels aux restes fossiles d'animaux antédiluviens fournis jusqu'à ce jour par les autres cavernes ou brèches de ces montagnes calcaires et de celles du voisinage le plus immédiat ; en outre, ils offrent des particularités qui plaident pour une très-haute antiquité. Tous les os, mais surtout la voûte crânienne, indiquent par leur épaisseur extraordinaire, par la forte saillie des tubérosités, des crêtes, des apophyses où s'insèrent les muscles, une conformation que l'on a jusqu'ici habituellement observée chez des races sauvages fortement musclées (et aussi sur des os d'animaux). Il sera question plus tard de la forme particulière du crâne de Néanderthal.

L'état fossile du squelette de Néanderthal est encore fortement confirmé par une découverte faite pendant l'été de 1865. Il s'agit de nombreux ossements et de dents d'animaux fossiles (rhinocéros, ours des cavernes, hyène des cavernes, etc.), trouvés dans le Lehm de *la chambre du diable*, à cent trente pas seulement de la grotte de Feldhofen, où fut trouvé l'homme de Néanderthal, sur le même côté de la brèche rocheuse où est située la caverne. D'après un rapport publié par le professeur Schaaffhausen, dans la *Gazette de Cologne* (1er avril 1866), et lu à la Société d'histoire naturelle du Bas-Rhin, une grande partie de ces os, spécialement ceux de l'ours des cavernes, ressemblent identiquement par la couleur, le poids, la densité, le degré de conservation, la structure microscopique, aux os humains trouvés dans la grotte de Feldhofen. Sur les uns et les autres on remarque les mêmes dendrites ou cristallisations arborescentes.

Remarquons ici que la couche de Lehm comblant en partie la grotte de Néanderthal, ainsi que les brèches et fissures de ces montagnes calcaires, cette couche dans laquelle étaient enfouis les os de l'homme de Néanderthal aussi bien que les ossements et les dents d'animaux fossiles, est identiquement celle qui recouvre toutes les montagnes calcaires autour du Néanderthal dans une profondeur de 10 à 12 pieds; or l'origine diluvienne de cette couche n'est pas douteuse.

(Voy. les détails dans l'écrit de Fuhlrott cité plus haut.)

(11)... *Les énumérer ici plus exactement nous entraînerait trop loin.* — Je signale ici les os humains trouvés dans les cavernes de Lombrive et de Lherm, décrits avec détails par C. Vogt dans ses *Leçons sur l'homme* (Giessen, 1865). Ces découvertes autorisent à conclure à la contemporanéité de l'homme et des animaux éteints des cavernes. Citons encore : les os humains découverts par MM. Lartet et Christy dans la caverne *des Eyzies* (Périgord) et qui remontent vraisemblablement au temps du mammouth; puis la mâchoire humaine trouvée par le marquis de Vibraye dans la grotte d'Arcy en Bourgogne. Ajoutons-y la mâchoire humaine d'une force si bestiale, du temps du mammouth, trouvée avec des haches en silex du diluvium dans la caverne belge de *la Naulette*, ainsi que les nombreuses découvertes analogues faites dans beaucoup de cavernes françaises, belges, anglaises, allemandes, etc. Partout les débris humains ou les produits de l'industrie humaine se rencontrent en même temps que des os d'animaux éteints ou émigrés dans des circonstances qui excluent toute idée de mélange fortuit. Parmi les os humains trouvés en dehors des cavernes, on pourrait citer les dents humaines des « Bohnerze, » du Wurtemberg, décrites par Jaeger et Quenstedt, celles trouvées à Rome dans un antique travertin et au sujet desquelles Ponzi a fait un rapport ; le crâne humain du cabinet d'histoire naturelle de Stuttgart qui, en 1700, fut déterré dans le tuf calcaire de *Canstatt*, en même temps que des os de mammouth. Le crâne, par son front bas et étroit, la forte saillie de ses arcades sourcilières, ressemble au crâne de Néanderthal. Citons encore la mâchoire humaine fossile, extraite d'une carrière à sable d'Ipswich, dans le comté de Suffolk (Angleterre), présentée en avril 1865 à la Société ethnologique de Londres, et dont la forme inférieure ainsi que la grande quantité de minerais ferrugineux qui l'incrustait indiquent une très-haute antiquité ; puis, les restes de crâne humain tout récemment trouvés à Florence, dans la vallée de l'Arno, par le professeur Cocchi, dans l'argile diluviale, avec des ossements d'animaux éteints. D'après C. Vogt, ces débris sont d'une antiquité analogue à celle des crânes d'Engis et de Néanderthal. Il faut mentionner aussi les ossements humains trouvés par A. Issel dans l'enceinte de Savone, en Ligurie, enfouis dans des couches *pliocènes* (époque tertiaire), et qui offrent tous les caractères physiques d'une haute antiquité (découverte de *Colle del vento*) ; 2° le crâne d'Altaville en Californie. Ce crâne est peut-être le plus ancien qu'on ait découvert. Il fut trouvé dans le comté de Calamines dans une région volcanique en creusant un puits à une profondeur de 155 pieds, sous cinq ou six couches de lave mêlées à des couches de gravier ; 3° le squelette humain portant toutes les marques de la plus haute antiquité, qui fut trouvé par MM. Bertrand et Reboux dans une carrière de grès près Clichy à une profondeur de cinq mètres et demi, dans une couche diluviale avec les débris d'animaux éteints. La forme conique de ce crâne épais se rapproche de la race éthiopienne ; 4° les ossements humains qu'on a trouvés près de Grenelle dans des couches quaternaires de sable et de gravier mêlés à des restes d'éléphant, de renne et de cheval, et qui furent décrits au Congrès de Paris de 1867 par M. E. Martin. Les crânes avaient le front étroit et des arcades sourcilières très-élevées, etc., etc. Ces découvertes et un certain nombre d'autres analogues auraient besoin, pour acquérir une valeur complétement scientifique, d'être examinées et confirmées par des autorités compétentes. Dans la dernière édition de son ouvrage sur l'Antiquité du genre humain, M. Lyell mentionne encore un squelette humain appartenant probablement à la période paléolithique, qui fut trouvé par le Dr Rivière dans une caverne près Menton, dans le Midi.

(12)... *quand même on pourrait soupçonner que les terrains où gisent les ossements ont subi des remaniements postérieurs.* — En réalité, quelques savants français ont, contre toute vraisemblance, contesté que les sables et les terrains fournissant les haches en silex fussent réellement diluviens. Quand même ces doutes auraient quelque fondement scientifique et géologique, ils devraient s'évanouir devant l'immense quantité de faits qui, de tous les côtés, concordent vers le même but et prouvent la même chose. Aussi, actuellement, tous les savants les plus compétents, presque sans exception, reconnaissent que la preuve de la contemporanéité de l'homme avec les grands pachydermes quaternaires et les espèces diluviales est faite! Une vive critique des objections présentées contre l'authenticité des instruments de silex et adressée à MM. Eugène Robert, Decaisne, etc., se trouve dans un petit écrit de Gabriel de Mortillet : *les Mystifiés de l'Académie des sciences.* Paris, 1865.

(13)... *chez beaucoup de peuples sauvages et civilisés.* — Que cette prédilection pour les os à moelle ait persisté très-longtemps après l'homme primitif, cela est démontré par une remarque de l'écrivain grec Procope (550 ap. J.-C.). Il donne comme preuve de la sauvagerie d'un peuple, appelé par lui peuple des *Scrithifinns* et habitant l'extrême nord de la Scandinavie, que chez ce peuple les enfants n'étaient pas nourris avec le lait maternel, mais avec la moelle osseuse des animaux tués. Dès que l'enfant était né, la mère l'enveloppait dans une peau de bête, le suspendait à un arbre, lui fourrait dans la bouche de la moelle et retournait à la chasse. Excellente méthode d'éducation au point de vue de l'économie du temps!

(14)... *le renne et le mammouth sont très-distinctement dessinés.* — Une plaque d'ivoire brisée en plusieurs morceaux, dont quelques fragments étaient incrustés par la cuisson dans du lehm ossifère durci par une imprégnation de chaux et trouvé par M. Lartet dans le trou de la Madeleine (vallée de la Vezère), montra, quand on en eut rapproché les débris, un croquis de trois éléphants marchant à la file. Celui du milieu était seul visible en totalité. C. Vogt rapporte ce fait dans un mémoire publié par la *Gazette de Cologne,* en 1866. A l'incurvation des dents, à la crinière retombant le long du cou, à l'épaisse toison de la région inférieure du corps, on reconnaît sur-le-champ un mammouth dessiné pendant la vie. Les dessins de renne dans les postures les plus diverses sont extrêmement communs. On reconnaît l'animal à son bois et à son poil touffu. Même, sur une plaque que possède le marquis de Vibraye, l'artiste a osé essayer de représenter un groupe de rennes qui se battent. Le plus souvent on a représenté à la fois plusieurs animaux ou même des groupes, et de telle sorte qu'un d'entre eux guide et devance les autres; ceux-ci suivent à une demi-longueur de distance. « Dans beaucoup de groupes, on croit reconnaître par le mouvement du nez et des yeux, que l'animal examine prudemment et flaire un péril. »

Quant au dessin figurant un homme, et que nous avons cité dans le texte principal, il paraît représenter un homme nu qui, par la maigreur des hanches, des jambes, la saillie du ventre, rappelle plutôt le type australien que le type européen.

(15)... *si riches en ossements.* — Christy a réuni à Paris une riche collection de ces objets, qui nous donnent de ce temps éloigné une image très-nette. En 1866, le professeur Schaaffhausen présenta au vingt-troisième congrès général des Sociétés d'histoire naturelle des provinces rhénanes et de la Westphalie divers objets de ce genre, en os et en bois de renne. C'étaient des pointes de flèches barbelées, des aiguilles, des couteaux en forme de poignards et des dessins de divers objets, parmi lesquels des esquisses d'animaux d'une vérité très-grande. Tous ces objets avaient été trouvés enfouis dans une concrétion calcaire solide, avec des couteaux de silex, des os et des dents de renne; à la demande de l'orateur M. E. Lartet fit don au musée de Poppelsdorf d'un bloc entier de cette concrétion ossifère et silicifère. L'orateur rapprocha de ces faits une découverte analogue faite à *Velde*, près de la ville de Lippe en Westphalie. Les nombreuses cavernes à ossements de cette contrée ont fourni, grâce à des explorations soigneusement faites, un butin aussi précieux pour l'histoire des temps préhistoriques que les cavernes de la Belgique et de la France méridionale. On trouva là beaucoup d'os humains avec des dents perforées de loup, de chien, de cheval, le tout mélangé à des couteaux de silex, plus un poinçon fait avec un métatarsien médian de cerf. Le mode suivant lequel sont brisés les os d'homme permet à peine à Schaaffhausen de douter que, là aussi, on ait trouvé les restes d'un repas de cannibales, comme cela est déjà arrivé à Spring dans la caverne de Chauvaux en Belgique.

En 1865, le professeur Joly, de Toulouse, dans une conférence sur l'homme fossile, faite à Paris, rue de la Paix, présenta à ses auditeurs des objets encore plus intéressants :

« Voici, dit-il, deux mâchoires inférieures de l'ours des cavernes, qui ont été fracturées très-probablement par l'homme, sur l'animal vivant, et où la réunion s'est opérée de la manière normale. Voici un crâne de la même espèce (crâne de Nabrigas) qui a été percé sur sa partie frontale par une flèche de silex. C'est aussi une flèche de silex que nous voyons adhérer encore à cette vertèbre de jeune renne trouvée dans la caverne des Eyzies par MM. Lartet et Christy. Enfin, je dois vous dire que le major Wavschop a trouvé un marteau de silex enfoncé dans le crâne d'un cerf à bois gigantesque (*Megaceros hibernicus*).

« Cette dent d'*ursus speleus* (ours des cavernes), qui a servi à faire un couteau dont l'émail forme le tranchant ; cette phalange du même animal, percée d'un trou qui la traverse de part en part ; ces têtes de flèches barbelées, faites de bois de cerf ou de renne, et dont les rainures semblent encore toutes prêtes à recevoir le poison qui les rendait jadis si dangereuses ; ces bois où la scie de silex a laissé si visiblement son empreinte ; ces ossements d'espèces perdues, façonnés en couteaux, en lissoirs, en poinçons, en épingles, en aiguilles, en sifflets même, ou en objet de parure ; tant de preuves réunies ne vous gagnent-elles pas à la cause de M. Boucher de Perthes, qui est aussi la nôtre?

« Il est bien évident que les os ainsi travaillés n'ont pu l'être qu'à l'état frais, etc. »

(16)... *Morlot évalue à sept ou dix mille ans l'antiquité de l'homme en ce lieu.* — Cette localité a ceci de particulièrement remarquable qu'on y peut reconnaître la superposition régulière des trois phases distinctes de la civilisation, dans les couches du sol. Un cône de sable, de gravier et de cailloux roulés, qui peu à peu avait déplacé l'embouchure de la petite rivière Tinière dans le lac de Genève, a été coupé par le chemin de fer dans une longueur de 135 mètres et à une profondeur d'environ 7 mètres ou 25 pieds. Cette section offre trois couches correspondant aux trois phases de la civilisation. La plus superficielle, épaisse de 4 pieds et 4 à 6 pouces, contient une épaisse couche de vieilles briques et aussi des monnaies romaines. Elle doit en effet remonter à l'occupation romaine. Dans la couche suivante, épaisse de 10 pieds et à 6 pouces, on trouve des traces évidentes de l'*ancien âge de bronze*. Une troisième et dernière couche, profonde de 19 pieds et 6 à 7 pouces, renferme de la poterie grossière, des os d'animaux brisés, des charbons de bois, etc., et peut se rapporter à la dernière division de l'âge de pierre. Les trois étages étaient séparés par des couches de sable, et l'ensemble paraît dû à un dépôt tellement régulier qu'on ne peut l'attribuer à l'action du torrent, mais à un précipité lent et sans secousse. D'après l'épaisseur relative des couches, et d'après la date historique des monnaies romaines, Morlot assigne à la couche de l'âge de bronze une antiquité d'environ trois à quatre mille ans, et à celle de l'âge de pierre, quatre à sept mille ans. La totalité du cône doit représenter nécessairement une période de dix mille ans.

Cependant ces évaluations ont été récemment mises en doute par un savant Américain, le professeur Andrews, de Chicago, et d'après son calcul, il les faudrait réduire de plus de moitié. L'avenir nous apprendra s'il a raison.

Je dois remarquer ici, avec C. Vogt (*Leçons sur l'homme*), que dans la couche de l'âge de pierre on a trouvé un squelette, « dont le crâne très-arrondi, très-petit et très-épais paraît se rapporter au type mongol, à tête courte. » Malheureusement, C. Vogt n'a pu obtenir sur ce crâne des détails plus circonstanciés.

(17)... *au sujet duquel l'histoire se tait.* — Pendant l'hiver de 1853-1854, le docteur Keller découvrit sur les bords du lac de Zurich, grâce à une baisse exceptionnelle des eaux, les premières traces des habitations sur pilotis ou *palafittes*, trouvées depuis en tant d'autres endroits et devenues si célèbres. Depuis lors, on en a découvert un grand nombre sur les bords de presque tous les lacs suisses, sur ceux des lacs de la Bavière et de l'Italie septentrionale, dans les tourbières du Mecklembourg et de la Poméranie, où furent jadis des lacs. Historiquement,

Hérodote et Hippocrate mentionnent déjà des peuples qui, en Thrace et sur les rives du Phase, habitaient des maisons sur pilotis. Cela remonte à plus de vingt-trois siècles; mais aujourd'hui encore beaucoup de peuples sauvages vivent de cette manière. Dumont d'Urville en a rencontré à la Nouvelle-Guinée et les a décrites. Moritz Wagner raconte des faits analogues observés dans son Voyage au Caucase et à Colchis. Les os, les débris des repas, les objets ouvrés de toute sorte, conservés en quantité incroyable, et le plus souvent en très-bon état, dans ces anciennes habitations et au fond du lac, entre les pilotis, ont donné aux savants une idée assez nette du genre de vie, des habitudes des anciens habitants. On trouvera des détails dans les nombreux rapports ou écrits de MM. Keller, Rutimeyer, Troyon, Messikomer, Heer, Desor, Lisch, Lyell, C. Vogt, Virchow et tant d'autres. Ces pilotis, surtout ceux de l'âge de bronze, sont parfois si nombreux, que l'on n'en a pas trouvé moins de cent mille, rangés les uns près des autres, à une certaine distance du bord; et le nombre des stations de ce genre est si considérable, que l'on en connaît actuellement plus de deux cents dans les lacs suisses et plus de quarante seulement sur les bords du lac de Neuchâtel. Les constructions sur pilotis avaient évidemment pour but de garantir les habitants contre les animaux sauvages, les attaques de l'ennemi, etc.; en outre on pouvait par la pêche s'y procurer promptement et facilement de la nourriture. D'ailleurs, les habitants des palafittes paraissent aussi avoir été anthropophages; du moins on a trouvé des os humains brûlés, rongés à ce qu'il semble par les dents de l'homme, ce qui autorise la supposition. Quant à l'antiquité des habitations lacustres, elle doit être fort grande, puisqu'on y trouve des débris de l'âge de pierre, de l'âge de bronze et de l'âge de fer, isolés ou mélangés. Mais quelle que soit cette antiquité, les palafittes appartiennent tous aux terrains d'alluvion ou de formation récente et se prolongent même profondément dans les temps historiques. Beaucoup de ces constructions peuvent avoir été encore habitées pendant l'époque romaine, et les plus récents dragages dans le lit du Rhin semblent prouver que sur les rives de ce fleuve des colons romains ont encore habité des maisons sur pilotis. Quoi qu'il en soit, les palafittes apportent une forte preuve de plus à l'appui de notre thèse, car il faut bien que, des milliers d'années avant la période historique, l'homme ait déjà atteint un degré relativement élevé de civilisation pour avoir pu fabriquer de semblables habitations avec tous les objets accessoires.

(18)... *la haute antiquité de l'homme dans ces régions.* — Les tourbières danoises, principalement explorées par Steenstrup, sont tellement riches en os et en produits de l'activité humaine, que l'on pourrait presque se rallier à l'affirmation suivante de Steenstrup, d'après laquelle il n'y a pas dans les tourbières un seul mètre carré qui ne fournisse la preuve de l'existence préhistorique de l'homme. Leur épaisseur atteint 10 à 40 pieds, malgré la lente croissance de la tourbe. Cette croissance est si lente, que les vieux ouvriers tourbiers la contestent, parce qu'ils n'ont pas pu s'en assurer pendant la durée de leur vie. Pour s'accroître de 10 à 20 pieds en épaisseur, une tourbière a besoin, selon Steenstrup, d'au moins 4,000 ans; mais certainement il en faut bien trois ou quatre fois davantage. D'après les diverses espèces d'arbres trouvés dans les tourbières, on a divisé les tourbières danoises en trois périodes : la période du *pin*, celle du *chêne* et celle du *hêtre*. La plus inférieure, celle du pin ou sapin écossais (*Pinus sylvestris*), doit être regardée comme la plus ancienne, et elle remonte en effet à une grande antiquité, puisque cet arbre n'a jamais été indigène au Danemark dans les temps historiques et y a disparu de temps immémorial. Au-dessus de cette couche est celle du chêne, disparu déjà depuis fort longtemps du Danemark, et qui a été remplacé par le hêtre, le véritable arbre historique de la contrée. Or on a, dès les couches les plus inférieures, entre les troncs des pins, constaté, par la présence de silex travaillés et d'ossements, les traces de l'existence de l'homme; puis, dans la couche supérieure, celle du chêne, on a trouvé des objets en bronze; enfin, dans la couche la plus superficielle, celle du hêtre, on a rencontré des outils, des armes, des monnaies de fer, ainsi que des traces de l'invasion romaine. La période historique la plus reculée appartient aussi essentiellement à la dernière des trois couches ou à *l'âge du hêtre*. Qu'il y ait en Danemark une certaine contemporanéité entre l'époque du pin et le commencement des Kojkkenmöddings, cela est démontré par le fait suivant. On a trouvé dans les débris de cuisine les os d'un coq de bruyère qui, au printemps, se nourrissait des jeunes pousses de pin. On a aussi trouvé dans les tourbières et les monticules funéraires les os de l'homme de ce temps. Son crâne est petit, arrondi; il a une forte saillie des arcades sourcilières. Cette antique race paraît donc avoir été petite, à tête ronde, à sourcils saillants, très-analogue par conséquent à la race laponne, qui vraisemblablement est le dernier débris de la primitive population du Nord. Un tout autre type, vigoureux, à la tête ovale allongée, apparut dans ces contrées au commencement de l'âge de fer. De même le chien qui, à l'âge de pierre, était très-petit et très-faible, est très-fort dans l'ancien âge de fer.

(19)... *un peuple déjà assez civilisé occupait et cultivait la contrée.* — Lors de la découverte de l'Amérique et longtemps après, on crut que cette partie du monde n'avait jamais connu de civilisation ancienne analogue à celle de l'Europe. Aussi fut-on surpris quand les recherches de MM. Squier et Davis *sur les antiques monuments de la vallée du Mississipi* prouvèrent le contraire et montrèrent que les plaines de cette contrée avaient dû, longtemps avant l'époque de l'Indien peau-rouge, être le théâtre d'une civilisation importante. De grands ouvrages de terre, des ruines de villes, des débris de statues, des objets d'or, d'argent, de cuivre, des poteries, des objets pour la parure, des armes de pierre, etc., ont prouvé que le continent occidental n'avait pas toujours été couvert de forêts, de prairies sans fin, servant uniquement de terrains de chasse au chasseur peau-rouge. Les ouvrages en terre, souvent si grands que quatre d'entre eux surpassent en volume les plus grandes pyramides d'Égypte, peuvent avoir servi les uns de temples, les autres de tombeaux, d'autres de forteresses. Les conquérants européens trouvèrent ces ouvrages de terre couverts de bois épais où le peau-rouge habitait, sans se soucier en rien de ses prédécesseurs plus civilisés: et d'après le temps nécessaire à la croissance des plantes et des arbres, on a assigné approximativement à ces monuments une antiquité de quelques milliers d'années avant l'invasion européenne. Les crânes humains déterrés dans ces endroits doivent avoir appartenu à une race différente de la race actuelle.

Tout nouvellement même, on a découvert dans l'Amérique

du Sud des momies à cheveux bruns. Si cette race à cheveux bruns est venue d'Europe, cela doit avoir eu lieu longtemps avant toute histoire; et alors il doit avoir fleuri sur les rivages occidentaux de ce continent une civilisation dont toute trace avait déjà disparu, quand la domination romaine s'étendait sur les îles Britanniques, les Gaules et l'Espagne.

D'après Scherzer (Rapport à la Société des naturalistes de Vienne, 1856), les Toltèques ont été les constructeurs des monuments et des édifices trouvés par les Espagnols; ce fut dans le septième siècle qu'ils apparurent pour la première fois sur le plateau de Mexico, et leurs débris vivent encore aujourd'hui dans l'Amérique moyenne.

(20)... *on a découvert des débris de cuisine sur les côtes des deux Amériques.* — Des monceaux de coquillages et des débris de cuisine ont été trouvés aussi en grande quantité en Amérique, dans l'Amérique du Sud, sur les côtes occidentales, aussi bien que sur l'océan Pacifique, au Brésil, à Guayaquil, enfin sur les rivages occidentaux de l'Amérique du Nord, à Halifax, dans la Nouvelle-Écosse, dans la baie Sainte-Marguerite. Ces derniers contiennent seulement des objets de l'âge de pierre. On y trouve des os de souris, d'ours, de castor, de porc-épic, etc. Les coquillages appartiennent aux espèces *Venus mercenaria*, *Pecten Islandicus*, *Crepedula formicata*, *Mytilus edulis;* les coquilles de cette dernière espèce sont tellement fragiles, qu'elles se brisent au moindre contact. Récemment, le voyageur Clément Markam a publié une description exacte des amas coquilliers trouvés sur le rivage de la mer, non loin de Guyaquil. Ces amas étaient formés par des débris de poteries et quatre mollusques marins différents, dont l'un est actuellement disparu de la contrée. En outre, on y trouva beaucoup d'instruments tranchants en quartz cristallin.

Quant à l'absence d'os humains dans les amas coquilliers, cette absence dont nous avons parlé dans le texte ne paraît pas être une règle sans exception. Du moins, l'*Anthropological Review* (février 1865, page XXIX) rapporte que récemment l'on a trouvé des os humains dans les amas de coquilles de Caithness, et ces os étaient identiquement dans le même état que les os d'animaux qui les accompagnaient.

(21)... *il est plutôt d'une stature inférieure à celle de l'homme de nos jours.* — C'est dans le treizième siècle qu'apparut pour la première fois l'expression « tombeau de géants » et « tertres des géants ; » plus tard elle fut remplacée par l'expression équivalente de « tombeaux des Huns, » « lits des Huns. » Certainement beaucoup de ces monuments funéraires d'une imposante grandeur, épars dans la solitude des bois ou des marécages et aujourd'hui détruits par les travaux de l'agriculture ou par la construction de routes, méritaient bien ce nom. Ce sont de grands blocs, de grandes masses de pierre dressées, soit sur des monticules naturels, soit au sein d'entassements artificiels, qui par la suite se sont couverts de grands arbres. Dans l'intérieur des tombeaux formés par l'assemblage de grandes et grossières plaques de pierre, on trouva des objets appartenant aux âges de pierre, de bronze et de fer ; pourtant ce sont les objets de l'âge de bronze qui prédominent de beaucoup. Dans l'*île Belle*, à *Kivik*, on a trouvé une de ces tombes de géants, et les emblèmes gravés sur la paroi interne de la chambre mortuaire ne permettent pas de douter qu'en ce lieu des sacrifices humains aient été offerts au *dieu-soleil !*

D'après l'opinion des archéologues du Nord, ces tombeaux de géants ont été élevés par cette race finoise-laponne qui, avant l'invasion des Germains Scandinaves, occupait toute l'Europe septentrionale, et que cette invasion refoula dans les régions de l'extrême Nord, où elle mène encore une vie nomade et misérable.

Plus anciens encore que les tombeaux des géants, sont les *dolmens* ou tables de pierre, ainsi que les *cromlechs* et les *menhirs*, antiques monuments de pierre, particulièrement abondants dans la province de *Bretagne*.

Ces dolmens sont des pierres debout, recouvertes par des pierres plates qu'elles supportent. On les trouve plus ou moins nombreux dans presque toutes les contrées entourant la Méditerranée. Certains de ces remarquables monuments contiennent des chambres mortuaires où l'on trouve en grande abondance des objets ouvrés et des restes humains. Les vases d'argile que l'on y a trouvés indiquent une industrie bien supérieure à celle des potiers des habitations lacustres suisses. Quant à la destination de beaucoup de ces monuments mégalithiques et quant à la nature de leurs constructeurs, on n'a guère fait jusqu'ici que des conjectures. Un des plus grands et des plus énigmatiques de ces monuments est le fameux *Stonehenge* d'Angleterre.

D'ailleurs, d'après une communication faite à la dernière réunion de l'*Association britannique*, par le professeur Hooker, encore aujourd'hui les *Khasias* de l'ouest du Bengale érigent de semblables dolmens en se servant seulement de leviers en bois et de cordes. Ce sont ou des tombeaux ou des pierres commémoratives. (Voy. le *Globus*, vol. 14, page 4.) Que l'on consulte aussi, comparativement à ce sujet, les discussions du Congrès international d'archéo-anthropologie de 1867, sur les *monuments mégalithiques*. Ce compte rendu contient un rapport de M. Bertrand, d'après lequel ces monuments seraient des tombeaux et, pour la plupart, appartiendraient à la troisième période de l'âge de pierre ou à l'âge de la *pierre polie*.

(22)... *sous-division de la période diluviale ou quaternaire, qui vraisemblablement remonte très-haut dans cette période.* — Quand, vers le milieu de la grande époque tertiaire, une température et une nature tropicales eurent régné en Europe jusque dans l'extrême Nord ; quand des palmiers, des cèdres, des lauriers, des cannelliers, etc., eurent fleuri dans les vallées de la Suisse et quand trente différentes variétés de chênes verts eurent orné les bois de ces pays ; quand le crocodile eut vécu dans nos fleuves, et le tapir, le mastodonte, le mammouth, le rhinocéros, etc., dans nos forêts, alors, vers la fin de l'époque tertiaire, la température s'abaissa dans l'hémisphère septentrional. La physionomie de l'Europe changea, et à mesure que se modifiaient lentement les influences physiques, la faune et la flore perdaient en même temps le caractère méridional, pour céder enfin la place, pendant la période glaciaire qui suivit, à des animaux et à des plantes complétement arctiques ou septentrionales. Dans le sud, aussi bien que dans le nord de l'Europe, se formèrent d'énormes glaciers ; ils avaient pour centre les hautes montagnes et semaient sur les plaines soit directement, soit par l'intermédiaire des glaces flottantes, de gigantesques blocs rocheux arrachés au sommet des Alpes. Pourtant une fois, durant l'époque quaternaire, un mouvement de recul de ces grands glaciers eut lieu ; c'est pourquoi on distingue une *première* et une *deuxième* époque glaciaire séparées par une période intercalaire. Mais pendant que plantes et animaux, obéissant à ces changements importants du climat et de la surface terrestre, subissaient aussi des modifications considérables, l'homme, défendu par sa force intellectuelle, sut résister, surtout à l'aide du feu, à ces influences. Il a certainement supporté les deux périodes glaciaires, qui ont successivement agrandi et amoindri les grands glaciers pendant bien des siècles, reculant quand ils avançaient, et les suivant dans leur rétrogradation. Dans les environs de Stockholm, en faisant, pour creuser un canal, une tranchée dans un de ces monticules appelés *osars*, que les glaces flottantes ont formés pendant la période glaciaire dans les plaines suédoises, alors que ces plaines, plus tard émergées, étaient encore recouvertes par la mer, on découvrit, ainsi que l'a dit notre texte principal, sous un énorme amas de blocs erratiques, de coquillages, de sable, ayant 18 mètres d'épaisseur, un foyer circulaire formé de pierres superposées ; au milieu de ce foyer étaient des charbons de bois ! Nulle autre main que celle de l'homme ne saurait avoir exécuté ce travail !

Pour se faire une idée générale de l'énorme laps de temps qui a dû s'écouler depuis la fabrication des haches en silex du diluvium, il faut avoir bien présentes à l'esprit les données fournies par M. Delanoue sur la constitution géologique de la vallée de la Somme. Dans les environs d'Amiens, au-dessous

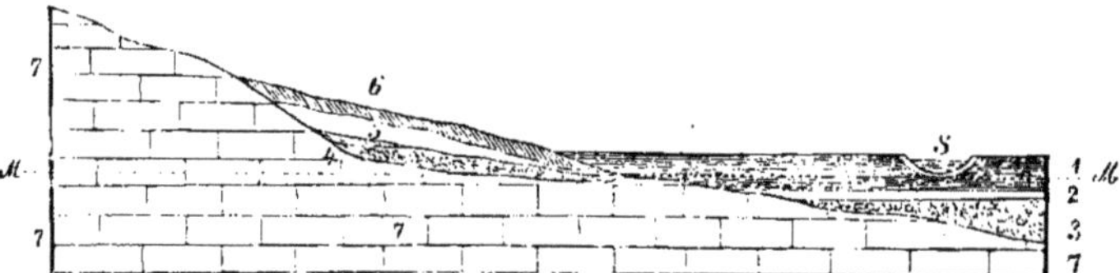

Fig. 20. — Coupe de la vallée de la Somme, près d'Abbeville, d'après Preswich.

S. Somme. — M. Niveau de la mer. — 1. Tourbe dans la vallée. — 2. Argile sous-jacente. — 3. Gravier reposant immédiatement sur la craie. — 4. Diluvium gris avec os et hachettes. — 5. Lehm calcaire ou loess. — 6. Lehm brun et terre végétale. — 7. Craie.

des terrains de nouvelle formation, au-dessous du lœss, produit de l'époque glaciaire, dont l'épaisseur atteint parfois 10 mètres.

se trouvent deux couches diluviales : l'une, la plus superficielle, est rouge et caractérisée par des silex irréguliers de forme et peu nombreux; l'autre, plus profonde, de couleur grise, renferme des silex arrondis, dont la forme indique qu'ils ont été fortement roulés. Ces deux couches diluviales, dont chacune a plusieurs mètres d'épaisseur, sont séparées par une couche intermédiaire, qui s'est formée en se déposant dans des eaux douces ; cette couche contient des coquilles fluviatiles et atteint parfois une épaisseur de 5 mètres. Or c'est justement le diluvium gris, le plus inférieur, reposant immédiatement sur la formation tertiaire qui renferme les produits de l'industrie humaine, en compagnie des ossements du mammouth et du rhinocéros antédiluviens. A la première ou plus ancienne époque diluvienne a donc succédé un long temps de repos, pendant lequel les eaux douces ont formé leur dépôt sur le diluvium gris puis un nouveau changement géologique amena la formation du diluvium supérieur ; puis, plus tard, dans des circonstances géologiques encore une fois changées, une épaisse couche de lœss recouvrit les haches en silex de la deuxième époque diluviale. Enfin, et pour terminer, les terrains de nouvelle formation se déposèrent sur le lœss. Donc, depuis que la main de l'homme a travaillé les haches en silex de la vallée de la Somme, l'état géologique n'a pas changé moins de quatre fois, et la durée de ces époques est vraisemblablement incommensurable. (Voy. M. P. Broca, *Histoire des travaux de la Société d'anthropologie de Paris*, 1865.) — Sur la période glaciaire et ses rapports avec la question de l'antiquité du genre humain, on trouvera des détails plus étendus dans les écrits déjà cités de Ch. Lyell, C. Vogt, etc. Lyell surtout, dans son *Antiquité du genre humain*, a groupé avec beaucoup de soin ce qui a trait à l'époque glaciaire et aux traces de l'existence de l'homme, que renferment les terrains de cette époque.

Il faudrait ajouter à ce que nous avons dit ci-dessus de la haute antiquité des découvertes faites dans la vallée de la Somme, que les terrains de nouvelle formation de cette vallée comprennent une tourbière d'une grande épaisseur (parfois de 30 pieds). Cette tourbière renferme dans ses couches supérieures des objets romains et celtiques, et son accroissement a dû être si lent que, pour l'exprimer, il faudrait des milliers d'années. Pourtant cette tourbière est bien plus récente que les antiques couches de gravier sous-jacentes, contenant des os de mammouth et des haches en silex. En outre, quelques-unes de ces couches de gravier se sont formées dans le lit du fleuve, qui alors coulait à plus de 100 pieds au-dessus de son niveau actuel, quand la vallée n'avait ni sa forme, ni sa profondeur présentes. Quel laps de temps doit donc s'être écoulé depuis que se sont déposées les couches renfermant des haches !

(25)... *Ménès, premier roi historique d'Égypte, 5,600 ans avant Jésus-Christ.* — « Cuvier, dit F. Rolle (*l'Homme*, etc., 1866), déclara la chronologie de l'ancienne Égypte, que Manéthon et d'autres auteurs nous ont transmise, ainsi que les primitives légendes d'autres peuples anciens, sans aucune valeur en face des documents mosaïques, et il décida, conformément à ces derniers documents, que la création de l'homme avait eu lieu, il y a environ 6,000 ans. Pourtant la portion historique du récit de Manéthon [1] s'est depuis lors mieux vérifiée que les vues géologiques de Cuvier. »

« En 1845, Wagner prétendait encore donner aux documents mosaïques relatifs à la création la prééminence sur toutes les autres traditions, soi-disant inférieures en antiquité; c'était seulement, selon lui, le manque de connaissances linguistiques suffisantes qui avait pu conduire à des suppositions différentes. En dehors des récits hébraïques, l'histoire authentique des peuples les plus anciens, y compris les Égyptiens, remontait au plus jusqu'à environ 2,000 ans avant Jésus-Christ, etc. »

« L'examen des anciens monuments égyptiens, ainsi que le déchiffrement des hiéroglyphes égyptiens, parvenu maintenant à un haut degré de certitude, ont également établi depuis la vérité historique d'une grande partie du récit de Manéthon. Par là il a été prouvé que Manéthon n'était pas seulement un écrivain mythologique, mais qu'il avait puisé aux sources de la vieille histoire égyptienne, que ses renseignemente étaient

[1] *Manéthon*, grand prêtre d'Héliopolis, qui vivait 350 ans avant Jésus-Christ, compte pour la durée des règnes de 575 pharaons 6,117 ans, qui, ajoutés à notre ère actuelle jusqu'à ce jour, forment un total d'environ 8,550 ans. Les données fournies par Manéthon ont été souvent déclarées chimériques, mais en fin de compte leur authenticité complète a été établie.

excellents, et qu'il faut le ranger parmi les écrivains les plus dignes de foi, etc. »

« D'après Lepsius, l'Égypte ancienne était déjà sous la quatrième dynastie, vers l'an 3,400 avant Jésus Christ, un État bien ordonné. Arts et sciences y florissaient. L'écriture hiéroglyphique y était déjà connue, et les inscriptions de ce temps reculé sont aujourd'hui les documents les plus anciens et les plus parfaitement sûrs qui soient dans le domaine de l'archéologie.

« Au delà de la quatrième dynastie, il est vrai, l'éclaircissement de l histoire par le déchiffrement des inscriptions n'a pas été poussé bien loin. Mais il est pareillement certain que le développement de la civilisation égyptienne est bien plus ancien que le règne de la quatrième dynastie des pharaons. L'existence d'une civilisation aussi développée que celle régnant déjà en Égypte environ 3,500 ans avant Jésus-Christ, suppose une période de bien des milliers d'années, pendant laquelle l'homme, parti d'un état de sauvagerie grossière, s'est policé de plus en plus. »

Ernest Renan, le célèbre orientaliste et christologue, a beaucoup fait aussi pour éclaircir l'ancienne chronologie égyptienne. D'après lui, avant l'année 970 avant Jésus-Christ, où apparaît Sésac, premier roi de la vingt-deuxième dynastie, il faudrait placer vingt et une dynasties de l'histoire égyptienne pendant lesquelles cette histoire a jeté son plus vif éclat. La grande époque de l'Égypte commence 1,700 ans avant Jésus-Christ, à un moment où la Grèce et Rome n'existaient pas encore, et où Ninive et Babylone étaient bien loin de l'apogée de leur grandeur. Avant la dix-huitième dynastie, tombe l'époque des conquérants *Hycsos* ou pasteurs. Elle dura 511 ans et commença 2,000 ans avant Jésus-Christ. Avant les pasteurs, Manéthon compte quatorze dynasties d'une durée de 2,800 ans; son témoignage est digne de foi. Des dynasties n'étaient pas simplement des dynasties locales; elles régnaient sur toute l'Égypte. On ne peut pas attribuer aux dix premières dynasties de Manéthon une durée moindre que la période de 5,000 à 2,000 ans avant Jésus-Christ; dans cette période tombe la brillante époque des pyramides et de ceux qui les ont construites. Les fouilles de M. Mariette ont jeté sur cette époque une grande lumière; il a découvert des sculptures, des inscriptions, des statues qui remontent jusqu'à 4,000 ou 4,500 ans avant Jésus-Christ. Il est remarquable que dans les tombeaux et les chambres mortuaires de ce temps, qui dénotent déjà un haut degré de civilisation, on ne trouve aucune trace de la vie guerrière, si importante plus tard; on ne trouve pas davantage quoi que ce soit ayant trait à la religion ou au rituel. On n'a même pas rencontré une image quelconque d'une divinité. Tout est relatif seulement à la mort.

D'après J. Braun (*Histoire de l'art dans les phases de son développement chez tous les peuples de l'ancien monde*, etc.), l'Égypte est le plus ancien des grands États et le plus antique peuple qui existe. 450 ans avant Jésus-Christ, Hérodote, pour qui d'ailleurs les merveilles de la vieille d'Égypte eurent bien plus de mystères que pour nos égyptologues modernes, voyait, d'après les indications des prêtres égyptiens, sur les parois extérieures du grand temple de Thèbes, trois cent quarante-cinq cercueils de momies contenant les cadavres des grands prêtres. Ces grands prêtres avaient de père en fils, pendant une longue série de générations, régné sur Thèbes, qui pendant des milliers d'années avait été une monarchie sacerdotale. Selon Braun, la civilisation grecque vient principalement de l'Égypte, et les dogmes les plus importants du christianisme sont, d'après lui et Roeth, empruntés à la théologie égyptienne.

De quel étonnement, de quelle admiration ne devons-nous pas être saisis en songeant qu'au temps où l'aborigène européen, avec ses pauvres armes de pierre, poursuivait les bêtes fauves, ou bien habitait des huttes de bois au-dessus des eaux, ayant pour toute nourriture les produits de sa chasse ou de sa pêche, déjà de l'autre côté de la Méditerranée, dans l'heureuse contrée que le Nil arrose, des villes puissantes et splendides florissaient; les arts et les sciences de toute espèce étaient cultivés; une caste sacerdotale, lettrée et forte, tenait d'une main ferme les rênes d'un gouvernement régulier et vraisemblablement entretenait des relations commerciales le long des rivages méditerranéens! Et quel énorme laps de temps doit s'être écoulé depuis l'époque où l'aborigène égyptien luttait, lui aussi, avec des armes de pierre, jusqu'à celle où il avait atteint le degré de civilisation ci-dessus décrit!

Dans un intéressant opuscule sur *l'Origine et la destinée de l'homme* (Londres, 1868), l'Américain J.-P. Lesley donne une très-exacte exposition de la vieille chronologie égyptienne, d'après les découvertes de M. Mariette et les données de Manéthon, et voici dans quels termes il résume les résultats des explorations faites en Égypte : « Telle était l'histoire de l'Égypte ! Sept mille années se sont écoulées depuis que le quatrième roi de la première dynastie construisit la première pyramide de *Cochomé*, celle que salue d'abord le voyageur sortant des portes du Caire pour entrer dans le désert. Mais alors déjà l'Égypte était une vieille contrée; son peuple était civilisé, son architecture aussi grandiose dans la conception que parfaite dans l'exécution; sa statuaire était naturelle, sa langue formée et se prêtant à l'écriture; on y avait des animaux domestiques de toute sorte, des esclaves de Numidie.

« Que le laboureur de la vieille Égypte ait mené une vie heureuse, tranquille, souvent joyeuse, cela est évident; car les parois des tombeaux dans l'antique Memphis sont couvertes de peintures représentant des fêtes, des jeux, des danses, des régates, des divertissements analogues à ceux qui récréent aujourd'hui souvent le peuple de Paris. Des poëtes récitent des vers; des jeunes filles dansent avec des plaques d'or dans leur chevelure. On chercherait vainement un signe belliqueux quelconque. Pas la plus petite trace d'une existence guerrière sur tout monument antérieur à la douzième dynastie; à peine aussi quelque trace de religion. La divinité n'a ni image, ni nom. Le chien Anubis est l'unique gardien de ces amisons mortuaires, la première divinité aussi bien que le premier ami de l'homme. Rien que les traces d'une vie tout à fait patriarcale dans une terre d'abondance et de paix! Chaque tombeau a été bâti pour celui qui l'occupe, comme pour lui servir d'éternelle demeure. On y voit son image entourée de celles de sa femme, de ses enfants, de ses serviteurs, de ses scribes, de ses clients, de ses singes et de ses familiers. *Tout cela, trois mille ans avant que Salomon bâtît son temple sur la montagne Moriah, ou que les Assyriens construisissent leurs palais sur les plateaux élevés de Koujunjik.* »

« Et quel contraste entre ces tableaux de paix et de richesse, parmi les antiques laboureurs de la vallée du Nil, et cette aupre image de guerre et de misère, que nous offrent les sauvages habitants des forêts de pins de la Scandinavie ou plus généralement toutes les autres races humaines de ce temps en dehors de l'heureuse vallée du Sphinx ! ! Toutefois ce contraste persiste encore de nos jours. Comparez, sur l'un et l'autre hémisphère, les parcs et les palais de la vieille et de la nouvelle Angleterre avec les wigwams de l'Ouest ou les huttes à esclaves du Sud, avec l'abandon sans bornes du Hottentot et de l'Australien, avec le lamentable reflet de la barbarie primitive chez les « misérables » de Paris et de Londres ! Ainsi nous est ouverte une perspective sur l'antique histoire du monde, quoique cette histoire ne se puisse lire et relire qu'avec des frissons et des larmes ! »

(24)... *nous permettent de le déchiffrer ou plutôt de le deviner.* — Sur ce point, Bernard Owen, à l'occasion d'une découverte d'objets préhistoriques faite en Angleterre, s'exprima en ces termes, à la Société anthropologique de Londres : « L'analogie des pointes de javelots et de flèches de Caithness (Écosse du Nord) avec celles d'Amérique est telle, sous le rapport des matériaux employés, de la forme, de la grandeur et surtout du mode usité pour fixer la pointe à la hampe, qu'il n'y a presque point de différences. »

Nous savons qu'aujourd'hui encore les Indiens de Mexico se saignent avec des lancettes d'obsidienne (Brasseur de Bourbourg); et des témoins oculaires racontent que, de nos jours, les Tasmaniens ramassent une pierre plate convenable et en détachent des morceaux qu'ils emploient sur-le-champ comme instruments.

On connaît des ustensiles de pierre provenant d'Amérique, etc., qui sont très-analogues, même aux pierres ouvrées du drift. D'une manière générale, l'industrie de la pierre ouvrée est si simple, qu'il n'y a pas lieu de s'étonner que les outils de pierre présentent une frappante analogie dans tous les continents (Europe, Asie, Amérique et Australie), dans presque toutes les contrées. L'âge de pierre a régné dans toutes les grandes régions de la terre habitée, et il dure encore en partie en Amérique, en Australie, etc.; car on a trouvé bien des peuples qui n'avaient jamais connu l'usage des métaux. On a même rencontré des peuplades sauvages, à qui l'usage du feu était tout à fait inconnu ; et, lors de l'arrivée des Européens, les Australiens ne savaient pas encore faire cuire leurs aliments. Ils se nourrissaient habituellement d'animaux marins déchirés tout crus, à la manière des hommes qui ont entassé les débris de cuisines ou amas de coquillages. Du reste, aujourd'hui encore, on trouve dans la *Terre de Feu* et au *Brésil* des amas coquilliers semblables, très-considérables et *récents*.

(25)... *du côté physique l'homme primitif était en général inférieur à l'homme de nos jours.* — C'est une opinion très-répandue et pourtant fausse, que la culture, la civilisation affaiblit et amoindrit l'homme corporellement. En général, c'est le contraire qui se produit. De meilleures habitations, une meilleure nourriture, plus d'abri contre les maladies et les nombreuses injures de la nature extérieure, tout cela ne peut préjudicier, mais doit au contraire influer favorablement sur l'homme et sur son développement physique. Cela est vrai surtout pour les pays et les climats, qui ne satisfont pas spontanément les besoins de l'homme et ne le tiennent pas quitte de la maison et du vêtement. D'un autre côté, cependant, on ne peut nier que la civilisation n'entraîne avec soi nombre d'inconvénients, de causes d'affaiblissement, d'énervement, d'excitation trop forte, qui doivent préjudicier à l'homme, et que celui-ci ne connaît pas dans l'état de nature. Pourtant cela n'infirme point la règle dans sa généralité. Cette règle est même suffisamment établie par l'expérience.

En effet, partout où les peuples civilisés se trouvent en contact avec les sauvages, c'est-à-dire avec les peuples dans l'état de nature, ceux-ci doivent céder devant une force, une vigueur plus grandes que les leurs; même ils s'éteignent, comme en Amérique et en Australie, au contact de la civilisation, comme si un souffle pestilentiel les avait frappés. Il faut pourtant faire entrer en ligne de compte l'énorme prépondérance du grand développement intellectuel, auquel se joint le pouvoir agrandi des moyens matériels et d'une force morale plus considérable.

Pour en finir avec l'aborigène d'Europe et sa conformation corporelle, disons que les découvertes faites jusqu'à ce jour paraissent indiquer que cet aborigène n'a pas appartenu seulement à une seule race, mais que les races préhistoriques de l'Europe ont été bien des fois renouvelées. Quoi qu'il en soit, selon C. Vogt et Pruner-Bey, deux races préhistoriques distinctes ont existé; l'une, grande et à tête longue, l'autre, petite et à tête courte, C. Vogt tient le premier type pour le plus ancien. Le professeur Wilson, qui a fait des recherches sur les âges préhistoriques de l'Écosse, pense aussi qu'une race à tête longue a été vaincue et domptée par une race à tête courte, puisque celle-ci, à son tour, après s'être beaucoup perfectionnée pendant l'âge de bronze, fut remplacée par les Celtes, qui apportèrent le fer avec eux. De même, selon le professeur Schaaffhausen, le crâne de l'homme primitif était allongé, petit et à parois épaisses. Habituellement on trouve les armes de pierre avec des crânes allongés, négroïdes, les armes de bronze avec des crânes courts, mongoloïdes. Aujourd'hui encore, ces deux formes crâniennes représentent les deux types stationnaires ou rétrogrades dans le mouvement de la civilisation parmi les trois principales races humaines, la race nègre, la race mongole et la race européenne, tandis que le type à tête ovale ou moyenne est le peuple particulièrement européen et cultivé. Vraisemblablement, ce type est issu du mélange de ces races préhistoriques avec le peuple conquérant qui introduisit en Europe les langues aryennes et l'usage des métaux. En effet, le peuple conquérant n'extermina point les vaincus; il se mélangea avec eux et les modifia. Depuis lors ont eu lieu sans cesse de nouvelles invasions, de nouveaux mélanges. Aujourd'hui, selon M. Broca (rapport de 1865-67), les deux types extrêmes de toutes ces races mélangées sont représentés par les Basques et les Finnois; les premiers ayant une tête longue, les seconds une tête courte. M. Broca pense d'ailleurs que la longueur et la brièveté de la tête n'ont avec le développement intellectuel aucune relation fixe, et que, des Européens autochthones ou aborigènes antérieurs à l'invasion indo-germanique, les uns avaient la tête longue, d'autres l'avaient courte; les uns étaient grands, les autres petits. Leur mélange avec les Indo-Européens produisit, suivant lui, toutes les variétés des peuples actuels de l'Europe.

Selon le professeur Schaaffhausen (*sur la Forme primitive du crâne humain*, 1868), parmi les crânes les plus anciens, c'est le type à tête longue qui se trouve le plus profondément dans le sol, et il doit conséquemment être considéré comme le plus vieux ; pourtant il serait possible que plus tard il ait fait une invasion en Europe et y ait subjugué et supplanté le type à tête courte, moins grossier, mais aussi moins vigoureux. Cela expliquerait pourquoi, en Scandinavie, en Angleterre et généralement dans l'Europe occidentale, on a découvert tant de vieux crânes ayant appartenu à une race à tête courte. Sûrement les deux races ont alternativement envahi l'Europe ; l'une venant d'Asie, où domine le type à tête courte ; l'autre d'Afrique, patrie du type à tête longue.

D'ailleurs, tous les Européens préhistoriques étaient anthropophages, comme la plupart des sauvages de nos jours ; cela est prouvé par de nombreuses découvertes d'os humains préhistoriques, qui étaient fendus ou brûlés.

Dans un écrit sur l'état actuel de la linguistique et de l'histoire naturelle, dans leur rapport avec l'histoire primitive de l'humanité (Leipzig, 1868), B. Schweichel dit : « L'examen des couches de l'écorce terrestre nous montre comme habitant primitif de l'Europe centrale un homme à qui des mâchoires saillantes, une absence presque complète du front donnent une physionomie bestiale et sauvage. La structure allongée du crâne, les bourrelets sourciliers proéminents rappellent le Nègre, le Mongol, le Hottentot et l'Australien. A cet autochthone, compagnon de l'éléphant, du rhinocéros, de l'hyène, succède une race plus noble, à tête plus large, à muscles plus faibles, avec des petites mains et des petits pieds, et qui semble asiatique. Elle se rapproche du Lapon actuel, du Finnois et de l'Esthonien. Elle fut contemporaine du renne... Cette race ne s'est pas entièrement éteinte ; ses traces se rencontrent parmi toutes les populations actuelles de l'Europe. Le professeur Fraas l'a remarquée en Souabe, où on l'a considérée jusqu'ici comme un reste de l'invasion hunnique.

« C'est à une autre race qu'appartient l'agriculteur, qui apparaît dans un âge plus récent, pour la première fois dans les palaffites, et qui domina dans l'Europe centrale pendant toute la durée de l'âge de bronze. Cette race a un crâne arrondi, plus large que long et indiquant l'énergie, la force musculaire. Que cette race ait eu de petites mains, cela est prouvé par la brièveté excessive de la poignée de ses épées de bronze ; cette poignée est beaucoup trop petite pour une main de nos jours. Ce type s'est conservé jusqu'à présent dans la Suisse du Nord, etc. »

(26)... *les nombreux crânes négroïdes trouvés par Spring et Schmerling dans les cavernes belges.* — Le docteur Spring, savant distingué de l'université de Liége, fit, il y a déjà longtemps, sur les rives de la Meuse, près de Chauvaux, une découverte très-remarquable. A 100 pieds environ au-dessus du niveau actuel du fleuve, est une petite caverne à ossements dans laquelle on trouva, recouverts par des couches de lehm et des stalactites, de nombreux ossements humains, mélangés pêle-mêle avec des os d'animaux. Le mode suivant lequel ces os étaient brisés et fendus autorisa Spring à y voir les débris d'un festin de cannibales. Quant aux crânes et fragments de crânes humains qui y furent trouvés, leur conformation se rapproche bien plus du type nègre que du type européen actuel. Le crâne était petit absolument et proportionnellement aux maxillaires, le front fuyant, les tempes comprimées, les narines écartées, les arcades dentaires très-saillantes, les dents obliques. L'angle facial était à peine de 70°. La longueur des autres os, notamment de l'os de la cuisse, indique une race de petite stature. On trouve aussi des haches de pierre grossièrement travaillées, et des morceaux d'argile ayant subi l'action du feu!

D'après C. Vogt (*Köhlerglaube und Wissenschaft*, 1855), tous ces caractères indiquent une espèce humaine primitive, qui a plus d'analogie avec l'Alfourou prognathe, le nègre et généralement avec un type tout à fait inférieur, qu'avec un type humain supérieur.

Parmi les nombreuses découvertes d'os humains faites dans les cavernes belges et décrites par le docteur Schmerling, c'est le crâne d'Engis (*de la Caverne d'Engis, sur les rives de la Meuse*), qui a le plus de célébrité. Par sa longueur, son étroitesse, l'abaissement du front, l'écartement des orbites, le développement des arcades sourcilières, il est analogue, surtout quand on le regarde par en haut, au célèbre crâne de Néanderthal, dont on l'a rapproché et avec qui on l'a comparé maintes fois; pourtant sa conformation générale est beaucoup moins inférieure. C. Vogt croit néanmoins que ce crâne tient le milieu entre le crâne de l'Esquimau et celui de l'Australien, et, à cause du rapport de ses deux grands diamètres longitudinal et transversal, il le considère comme un crâne très-imparfait, bestialement conformé et très-pithécoïde. Du reste, pour bien apprécier le crâne d'Engis, il ne faut pas oublier que, quoiqu'il fût accompagné de débris d'espèces éteintes, cependant on a aussi rencontré parmi ces restes ceux d'espèces encore vivantes; donc l'ancien possesseur du crâne doit avoir appartenu à une période relativement récente des âges primitifs.

Juste en face de la caverne d'Engis, sur l'autre rive de la Meuse, est située la caverne d'*Engihoul*, où Schmerling trouva

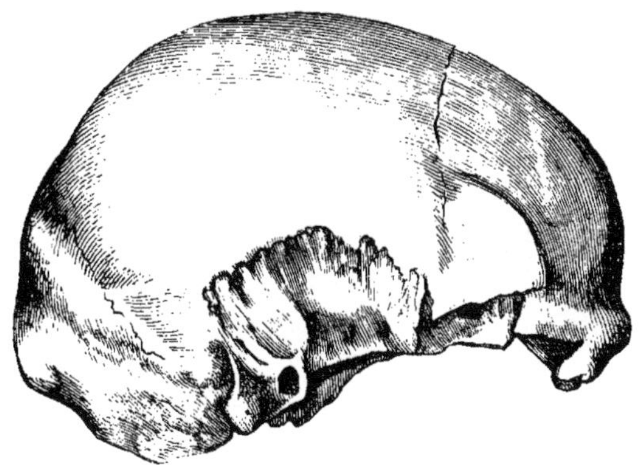

Fig. 30. — Crâne d'Engis, d'après le moule; profil. (D'après les *Leçons sur l'homme*, par C. Vogt.)

aussi beaucoup d'os humains mêlés à des ossements d'animaux éteints; ce n'étaient pourtant, pour la plupart, que des os des extrémités; on ne put découvrir que deux petits fragments de crâne. Il y avait là aussi, comme dans presque toutes les cavernes explorées par Schmerling, de ces grossiers instruments de silex souvent joints à des ossements ouvrés.

Du reste, en 1860, la caverne d'Engihoul fut encore une fois explorée et fouillée par le célèbre géologue Lyell, en compagnie du professeur Malaise, de Liége. Il y avait vingt-six ans que Lyell s'était rencontré pour la première fois avec Schmerling. On trouva encore dans la caverne des fragments d'os d'hommes et d'animaux, que M. Malaise a dépeints dans le *Bulletin de l'Académie royale belge*, année 1860 (vol. X, p. 546).

(27)... *les crânes danois de Borreby.* — Les crânes provenant du monticule funéraire de Borreby sont de l'âge de pierre danois. Ils sont petits, ronds, courts; ils ont un front fuyant, un occipital droit, des pariétaux aplatis et des arcades sourcilières proéminentes. Ils ne ressemblent à aucune race européenne, les Lapons et Finnois exceptés.

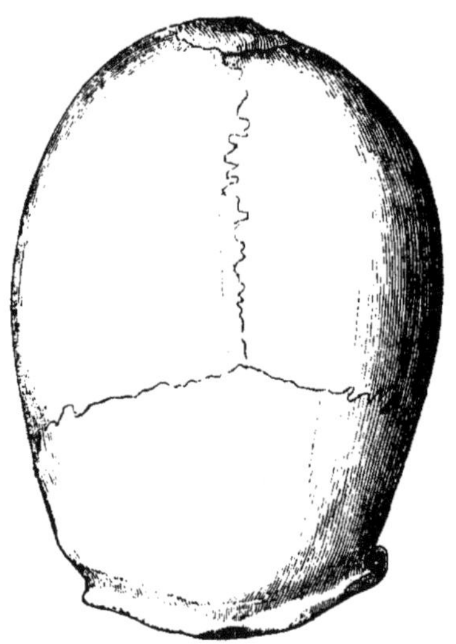

Fig. 54. — Crâne d'Engis, vu de dessus. (Vogt, *Leçons sur l'homme.*)

(28)... *le crâne le plus misérablement conformé qui ait été trouvé en Europe, si on excepte celui de Néanderthal.* — Dans un vieux tombeau à Caithness, dans le nord de l'Écosse, on a trouvé récemment bon nombre de squelettes et de crânes humains, d'un type très-inférieur. Le plus mal conformé de ces crânes est très-prognathe; la région antérieure du crâne est étroite et basse, le crâne très-déprimé et tectiforme au sommet, le cerveau est pauvrement développé. On trouva en même temps six autres crânes se rapprochant plus ou moins du type ci-dessus décrit, et qui tous avaient la forme en toit dans leur région moyenne. Vraisemblablement, ces hommes primitifs étaient anthropophages, comme le montre un os humain fendu que le professeur Owen a trouvé en cet endroit. D'après Laing, ces crânes se rapprochent, pour la plupart, du type africain.

D'autres crânes, d'une conformation inférieure analogue, ont été aussi trouvés dans les îles Shetland. (Voy. les détails dans la *Revue anthropologique de Londres*, février 1865, p. XXXIV.)

Le professeur Wilson qui, comme nous l'avons déjà dit, a fait des études relatives aux âges préhistoriques de l'Écosse et a démontré que, dans ce pays, deux ou trois générations d'aborigènes ont précédé les Celtes, le professeur Wilson décrit ainsi, d'après ses *Recherches*, l'homme primitif d'Écosse « *Intellectuellement*, il paraît placé aussi bas que peut descendre un être intelligent; *moralement*, il était l'esclave de croyances superstitieuses; corporellement enfin, il ne se distinguait de beaucoup des possesseurs actuels du pays que par un pauvre développement cérébral. » Néanmoins les armes de pierre, trouvées dans les tombeaux écossais de cette époque, toutes grossières qu'elles peuvent être, sont très-supérieures à celles des couches diluviales; ces dernières sont plus fortes et taillées plus grossièrement, et indiquent une race humaine plus forte, mais inférieure.

(29)... *le crâne..., sur lequel le docteur Bird a fait un rapport dans le journal déjà cité*, en février 1869. — L'un des tombeaux du tumulus de Coltwold, près Cheltenham, renfermait, d'après le rapport de M. Bird, les ossements de plusieurs individus à tête allongée, ovale, et à front étroit. Ces crânes étaient fortement développés en arrière, au contraire rétrécis en avant, bas et étroits dans la région du front. Les sinus frontaux et les arcades sourcilières proéminent, le front est très-bas. Les mâchoires sont fortement développées, les dents très-usées. La suture frontale a disparu sur beaucoup de crânes.

Une autre tombe renfermait les ossements de huit hommes (adultes et enfants), dont la tête était bien développée. On y trouva des instruments de pierre et d'os, des poteries antiques.

(30)... *avant l'immigration indo-germanique*. — Le 4 février 1857, le docteur Schaaffhausen fit sa première communication sur le crâne de Néanderthal à la Société de médecine et d'histoire naturelle du Bas-Rhin, d'après un moule en plâtre fabriqué à Elberfeld, et dès lors il déclara que ce crâne ne portait aucune trace de déformation artificielle; que sa conformation était naturelle; or, cette conformation, ajouta-t-il, par la grandeur des sinus frontaux, la forte saillie de l'arcade sourcilière, indique un type humain tellement inférieur, qu'on le retrouve à peine aujourd'hui chez les sauvages les plus grossiers. Puis le docteur Fuhlrott, d'Elberfeld, auquel la science est redevable de la conservation de ces ossements, d'abord pris pour des os d'animaux, le docteur Fuhlrott étudia soigneusement ces débris au point de vue anatomique, et lors du congrès général d'histoire naturelle de la Prusse rhénane et de la Westphalie, le 2 juin 1857, il décrivit le lieu où la découverte avait été faite et aussi les objets trouvés. On verra dans l'écrit déjà cité du docteur Fuhlrott (*l'Homme fossile de Néanderthal*, etc., Duisburg, 1865) des détails à ce sujet, ainsi qu'un abrégé rapide de tout ce qui a été publié là-dessus dans les livres et les journaux. Toutes les tentatives faites (par Meyer, Wagner, Blake, Pruner-Bey, Davis, etc.) soit pour amoindrir l'importance de cette découverte relativement à l'histoire primitive de l'homme, soit pour mettre le fait même en question, ont été complétement impuissantes, comme l'a prouvé le professeur Schaaffhausen, dans son traité déjà cité, *de la Crâniologie des races primitives*. « Prétendre, dit-il, que le développement extraordinaire des sinus frontaux sur le crâne si remarquable de Néanderthal n'est qu'une déviation individuelle ou pathologique (maladive), cela manque absolument de fondement. C'est là évidemment un type de race, et la structure extrêmement robuste des autres os du squelette concorde très-bien physiologiquement avec la conformation crânienne. »

(51)... *les caractères qui dominent particulièrement sont la forte saillie des arcades sourcilières, avec un front bas, aplati, fuyant.* — « Il est digne de remarque, dit le professeur Schaaffhausen, dans le texte du traité cité par nous, il est digne de remarque qu'un certain degré, petit ou grand, de saillie des arcades sourcilières ait été habituellement trouvé sur les crânes des races sauvages et sur les crânes très-anciens. » Suit une longue énumération de cas de ce genre. Nous n'en citerons que les principaux : les crânes d'une étonnante petitesse, examinés par Eschricht, et provenant des tumulus de l'île Moën; les deux crânes humains décrits par le docteur Kutorga, et provenant du gouvernement de Minsk (Russie), dont un surtout avait une grande analogie avec le crâne de Néanderthal; le squelette humain trouvé accroupi dans un antique tombeau à Plau, dans le Mecklembourg, en même temps que des objets ouvrés en os; le docteur Lisch, archiviste, fait au sujet de ce squelette la remarque suivante : « La forme du crâne indique une époque très-reculée, pendant laquelle l'homme était encore à un degré de civilisation très-inférieur. » Citons encore une découverte analogue faite dans un autre vieux tombeau du Mecklembourg (tumulus de *Schwaan*), où l'on trouva ensemble les restes de huit cadavres dans une posture accroupie; les débris des crânes, quoique petits, indiquaient un front fuyant et des arcades sourcilières saillantes, etc., etc.

L'auteur que nous avons principalement cité produit encore bien d'autres preuves établissant le pauvre développement crânien et cérébral de l'homme primitif. Ces preuves sont contenues dans la dernière publication de M. Schaaffhausen (*sur la Forme primitive du crâne humain*. Compte rendu du Congrès international d'anthropologie et d'archéologie, 1868). Voici la conclusion de ce mémoire : « Je me résume : un crâne qui ne porte pas des traits d'une organisation inférieure ne peut pas être considéré comme provenant de l'homme primitif, quoiqu'il soit trouvé parmi les os fossiles d'espèces éteintes. Et il est bien certain que l'homme primitif doit être rangé à un degré plus bas que l'homme le plus sauvage du monde actuel, etc. »

(52)... *l'analyse des os faite par lui indique que ces os sont d'une très-haute antiquité.* — Ce crâne n'est pas unique; il est semblable à beaucoup d'autres crânes provenant des environs du lac Titicaca, au Pérou. Selon Bibra, tous ces crânes ressemblent plus à des crânes de singes qu'à des crânes d'hommes. Tous portent au vertex une sorte de crête mousse, sur toute la longueur du crâne, et sont si mal conformés que longtemps on les a crus déformés artificiellement, ce qui n'est certainement pas vrai, du moins pour le crâne apporté par Bibra. A Algodon-Bay, Bibra a trouvé trente ou quarante tumulus renfermant les cadavres accroupis d'hommes appartenant à une race de petite taille. Ce sont les débris d'une ancienne race péruvienne, qui occupait spécialement les environs du lac Titicaca. La plupart des momies trouvées au Pérou et en Bolivie se rapprochent de cette race. (Voy. de Bibra : *la Baie d'Algodon en Bolivie*. Vienne, 1852.)

(55)... *l'on aura une meilleure idée du développement graduel de la civilisation.* — Dans une communication au Congrès anthropologique de Paris (1867), M. Reboux déclara que, dans les environs de Paris (à Levallois-Perret, Clichy, Batignolles, Neuilly), il avait trouvé et examiné plus de mille silex travaillés. Il classe ces silex en trois catégories, les silex simplement *éclatés*, les silex *taillés*, les silex *polis*. Selon lui, les silex éclatés sont situés profondément dans le sol, et les silex polis, toujours à la surface. Jamais ces trois sortes de silex ne sont mélangées. Pourtant les assertions de M. Reboux ont été contestées dans le congrès même.

D'après M. Broca (rapport souvent cité de 1867), M. de Mortillet aurait prouvé jusqu'à l'évidence qu'à Abbeville (vallée de la Somme) les haches en silex se sont graduellement perfectionnées. Dans les couches les plus inférieures, on trouve de grandes pierres en forme de fer de lance. Dans le sable siliceux qui recouvre le diluvium et où l'on ne rencontre plus d'os de mammouth, les pièces ouvrées sont elliptiques, allongées, petites. Enfin, dans le sol meuble du talus, on trouve des instruments polis, affilés, analogues à ceux des dolmens. Ce progrès s'est-il effectué sur place? est-il l'ouvrage d'une race nouvelle survenant? M. Broca laisse ces questions indécises. Pourtant c'est, selon lui, le second cas que les observations de MM. Lartet et Christy rendent le plus vraisemblable. Les habitants des cavernes du Périgord avaient déjà atteint un haut degré d'industrie ; ils ont fabriqué une grande quantité d'instruments en os, en ivoire, en bois de renne. Leurs dessins dénotent déjà un sens artistique qui laisse bien loin en arrière les grossières ébauches de beaucoup de monuments celtiques d'une époque bien postérieure. Ils ont dû mener une vie tranquille, paisible et ont vraisemblablement été exterminés par une race plus robuste et plus sauvage.

Pour M. Broca, cet homme perfectible de l'âge du renne est le descendant civilisé du grossier sauvage de l'époque diluviale. Mais quelque progrès que cette race eût accompli, cependant ses instruments de pierre se fabriquaient seulement par les procédés de l'éclatement, de la taille ; on ne les aiguisait point, comme ce fut l'usage plus tard, à l'âge de la pierre polie.

(54)... *un âge de cuivre.* — D'après les travaux de Rougemont (*l'Age de bronze*, etc.), le fer paraît avoir assez souvent précédé le cuivre en dehors des contrées européennes. En Afrique, l'art de forger le fer paraît en général très-anciennement connu. En Amérique (Mexique, Pérou, etc.), on n'a guère travaillé que le cuivre ou le bronze, peu ou point de fer. Au contraire, en Chine et au Japon, on peut, comme en Europe, démontrer l'existence des trois âges de pierre, de bronze et de fer, tandis que, dans la Tartarie septentrionale et en Finlande, il n'y a guère eu qu'une période de fer, et point d'âge de cuivre ni de bronze.

(55)... *avec des armes de pierre.* — Nous laissons de côté les peuplades sauvages des temps modernes, mais, pour ne parler que de l'antiquité historique, l'usage des armes de pierre y fut très-fréquent. Selon Hérodote, les archers éthiopiens enrôlés dans l'armée que Xerxès conduisit contre la Grèce avaient de courtes flèches de roseau armées de pointes de pierre. En explorant l'Attique, François Lenormant trouva récemment dans un petit tumulus une énorme quantité de pointes de lance de silex, très-grossièrement travaillées. Sur le champ de bataille de Marathon, dans les tumulus que les Athéniens élevèrent sur les cadavres des citoyens morts pour la patrie, on trouva beaucoup de pointes de flèche de pierre et de bronze, etc., etc. (Thomassen, *l'Histoire primitive dévoilée.* Neuwied, 1869, p. 56.)

Tacite rapporte aussi (*Germania*, chap. 47), qu'un peuple occupant le nord-ouest de l'ancienne Germanie et qu'il appelle « les Fenni, » se servait à la guerre de flèches armées de pointes en os. Il est donc très-vraisemblable que ce peuple n'avait que des armes de pierre. La difficulté que l'on éprouvait à se procurer du fer, l'ignorance où l'on était des moyens de le travailler, peuvent aussi avoir déterminé ou contraint beaucoup de peuples anciens à continuer à se servir d'armes et d'ustensiles de pierre, même à une époque plus récente.

(56)... *il serait facile d'arriver à une organisation infiniment mieux adaptée au but et en même temps moins dangereuse, plus agréable et plus commode.* — Pour cela, il faudrait d'abord agrandir la distance entre les rails et la largeur des voies; les wagons à deux étages devraient avoir leur caisse, non pas au-dessus des roues, mais entre elles, de telle sorte que l'étage inférieur rasât le sol; l'intérieur des wagons ne devrait point être construit sur le modèle des siéges à donner la torture, mais il devrait contenir des salons grands et petits, munis de commodités de toute sorte; les wagons devraient communiquer ensemble dans toute la longueur du train. L'entrée et la sortie des voyageurs devraient être facilitées et accélérées à l'aide de plates-formes mobiles d'une hauteur convenable : le service des billets et des formalités de bureau nécessaires devrait se faire dans le train même, etc., etc. Avec une telle installation, tout déraillement serait impossible; le roulis des wagons disparaîtrait, et le mouvement du train serait à peine sensible; une plus grande quantité de voyageurs accomplirait même les plus longs trajets plus commodément, plus vite, avec moins de risques, à meilleur marché et sans dommage pour la santé et le bien-être, etc., etc.

(57)... *d'autres, et parmi eux C. Vogt, ont considéré cette division comme superflue.* — Les quatre époques de l'âge de pierre, selon Lartet, sont l'âge de l'*ours des cavernes*, celui de l'*éléphant* et du *rhinocéros*, celui du *renne* et celui du *bœuf primitif*. Cette division est très-analogue à celles adoptées par MM. Troyon et d'Archiac. — Une classification quelque peu différente et fondée sur les phases de la période glaciaire en Suisse est celle qu'a établie le professeur Renevier, de Lausanne. La voici :

1° Époque antéglaciaire, pendant laquelle l'homme fut contemporain de l'*elephas antiquus*, du *rhinocéros hemitoechus* et de l'ours des cavernes.

2° Une époque glaciaire. L'homme y fut contemporain du mammouth, du rhinocéros à narines cloisonnées, de l'ours des cavernes, etc.

3° Une époque postglaciaire, pendant laquelle l'homme vécut en contemporanéité avec le mammouth et le renne.

4° Une dernière époque ou époque des palafittes, pendant

laquelle l'homme eut pour contemporains le cerf géant, le bœuf primitif, etc.

(58)... *les cavernes ont servi à l'homme d'habitation ou de retraites.* — Les recherches les plus récentes ont démontré un fait d'abord mis en doute ou en question, c'est-à-dire que le premier ou plus ancien âge de pierre est aussi représenté dans les cavernes. En effet, dans quelques-unes d'entre elles (par exemple dans le *trou Marguerite*, en Belgique), on a rencontré, en compagnie d'une énorme quantité d'os d'animaux diluviens disparus (rhinocéros, hyène, lion, mammouth), des instruments de pierre du type trouvé dans la vallée de la Somme (Moustier et Saint-Acheul). Pourtant on trouva en même temps beaucoup de couteaux de pierre et de bois de renne travaillés, analogues à ceux des cavernes du Périgord, en France. Tout récemment (1867), M. Dupont, l'infatigable explorateur des cavernes belges, a trouvé dans une de ces cavernes beaucoup de couteaux en silex (environ trois cents) avec des os fendus ayant appartenu à des animaux de la période quaternaire (lion des cavernes, ours des cavernes, rhinocéros, etc.). C'étaient évidemment les restes d'un repas. — *Notons que les couteaux de pierre étaient très-différents de ceux de l'âge du renne.*

De son côté, M. Lartet, si expert dans l'exploration des cavernes françaises, dit que beaucoup d'instruments de pierre des cavernes sont parfaitement analogues à ceux que renferment les couches diluviales à l'air libre; d'où l'opinion partagée, dit-il, par bien des anthropologistes, que l'homme du diluvium habita en même temps les vallées des fleuves et les cavernes. Selon lui, l'on doit aussi distinguer deux périodes dans la chronologie des cavernes. Pendant la première de ces périodes, les cavernes furent seulement des lieux d'habitation; pendant la seconde, ce n'étaient plus que des caveaux mortuaires (exemple, la caverne d'Aurignac). Du reste, l'usage d'habiter dans les cavernes a persisté encore partiellement dans les temps historiques, et beaucoup d'entre elles ont été occupées occasionnellement, même dans le moyen âge, par exemple la caverne du fort de Tayac, qui servit souvent de refuge en temps de guerre.

C'est pourquoi M. Lartet, dans une communication faite au congrès de 1867, distingue trois sortes de cavernes :

1° Cavernes de l'époque diluviale, contenant les restes de l'éléphant, du grand chat, de l'ours des cavernes, etc.

2° Cavernes de l'âge du renne, renfermant des produits de l'industrie humaine et de l'art, avec progrès considérable;

3° Cavernes de l'âge de pierre récent. Elles contiennent les restes d'animaux domestiques actuels, beaucoup de poteries et des haches en pierre polie.

Quant aux cavernes elles-mêmes, elles proviennent, selon M. Desnoyers, de crevasses naturelles dans les montagnes calcaires, crevasses que l'action des eaux courantes a peu à peu élargies.

Aujourd'hui, en dehors de l'Europe, la coutume d'habiter les cavernes est encore très-commune. Un des récents fascicules de la *Revue anthropologique* de Londres (avril 1869) contient des détails très-intéressants donnés par MM. Bowker, Bleek et Beddoe, sur les troglodytes anthropophages du sud de l'Afrique. L'effrayante sauvagerie de ces cannibales africains, leurs habitudes nous retracent suffisamment celles de nos antiques ancêtres en Europe. La plus grande de leurs cavernes située dans les montagnes, au delà de *Thaba Bosigo*, et qui fut examinée par les explorateurs dont nous avons donné les noms, contenait une énorme quantité d'os humains, provenant principalement d'enfants et de jeunes gens. L'état de ces os e laissait aucun doute sur le sort des personnes à qui ces ossements avaient appartenu. Dans le fond de la caverne était une grotte fermée avec une pierre; c'était le lieu où l'on emprisonnait, comme réserve alimentaire, les victimes qui ne pouvaient être utilisées sur-le-champ.

Les sauvages qui, il n'y a guère longtemps encore, conservaient là leurs victimes humaines, n'étaient point réduits par la faim à ces extrémités, puisqu'ils habitent un pays fertile et giboyeux. Ils mangeaient même leurs femmes, leurs enfants, leurs malades. Les os d'un jeune individu étaient encore si frais, que peu de mois avaient dû s'écouler depuis le jour où cette victime avait subi son effroyable destin.

Des cavernes analogues, d'une moindre étendue, sont disséminées dans la contrée, et il y a treize ans, elles étaient encore habitées par des cannibales qui étaient la terreur des tribus voisines. Ils envoyaient des partis de chasseurs se mettre en embuscade dans les rochers, les buissons, près des sources, et enlever, pour les manger, des femmes, des enfants, des voyageurs. Beaucoup de ces anciens cannibales vivent encore, et l'un d'eux, un vieux drôle, d'environ soixante ans, qui habitait non loin de la grotte, fut visité par les voyageurs.

Le docteur Bowker alla voir aussi, avec quelques amis, les habitants d'anciennes cavernes à anthropophages vers les sources du fleuve *Calédon*. Ces habitants ne sont plus cannibales, mais, parmi eux, était encore un vieux sauvage, qui avait vécu du temps de l'anthropophagie, et il raconta qu'autrefois on avait l'humaine coutume d'appâter les piéges formés de blocs de rochers suspendus et destinés aux nombreux lions de la contrée, avec de jeunes enfants dont les cris attiraient les animaux. — Actuellement, et grâce aux efforts de leur vieux chef *Moshesch*, presque toutes ces tribus ont abandonné le cannibalisme.

Autrefois aussi, les cadavres des Européens qui tombaient dans les guerres avec ces sauvages étaient mangés par eux. Ils pensaient ainsi s'incorporer le courage du mort. Habituellement ils ne mangeaient que le cœur, le foie et le cerveau. Pourtant, en temps de disette, tout le corps était mangé.

(59)... *la célèbre découverte faite aux sources de la Schussen, à Schussenried.* — Jusqu'en juillet 1866, M. E. Dupont avait, aux frais du gouvernement belge, exploré jusqu'à vingt et une cavernes sur les rives de la Lesse, dans la province belge de Namur. Parmi ces cavernes, quatre contenaient des traces importantes et nombreuses de l'homme du renne belge : c'étaient le *trou des Noutons*, le *trou du Frontal*, le *trou Rosette* et le *trou Chaleux*. Les animaux dont on rencontra les os sont ou émigrés comme le renne, ou encore vivants dans le pays. Les instruments de pierre sont tous des couteaux, et, parmi eux, aucune hache soit polie, soit diluviale (il faut excepter une découverte postérieure, citée dans la note 57). Seulement, dans le *Trou de Chaleux*, Dupont trouva plus de 30,000 de ces couteaux avec beaucoup d'os d'animaux fendus et une immense quantité d'objets ouvrés principalement en bois de renne, des aiguilles, des flèches, des poignards, des crochets, etc. On trouva en outre des bijoux en pierres rares, des coquillages troués, etc., des morceaux d'ardoise portant des dessins gravés, des traits mathématiques, etc., des restes d'une poterie grossière; enfin des foyers, des cendres et des charbons mêlés à des os fendus. D'après ces os, il paraît que cet homme du renne se nourrissait principalement de cheval, puis de renard et de rat d'eau; au contraire, les débris de poissons étaient rares. Dans le *trou des Noutons*, on ne trouva pas moins de 150 bois de renne travaillés. Les extrémités aiguës de ces bois servaient surtout à armer les javelots. Le trou du Frontal, analogue à celui d'Aurignac, a déjà été décrit. Il renfermait près de quatorze squelettes d'hommes, de nombreux couteaux de silex, des ossements d'animaux, des coquillages, des foyers, des charbons, des traces de feu. Le *trou Rosette* contenait aussi les restes de quatre hommes qui y avaient été inhumés, et dont les crânes étaient entièrement brisés.

M. Dupont classe la faune des cavernes belges à peu près comme M. Lartet a classé celle des cavernes françaises; il y reconnaît trois époques caractérisées, la plus ancienne par des animaux éteints, par exemple le mammouth, le rhinocéros lanigère, l'ours des cavernes, etc.; la deuxième par des animaux émigrés, mais encore vivants, comme le renne et le chamois; la troisième, c'est-à-dire la plus récente, par des animaux vivants, mais partiellement détruits par l'homme, comme le cerf noble, le castor, l'ours, etc. Selon lui, toute caverne doit trouver place dans une de ces trois divisions.

Quant à l'âge des cavernes belges, M. Dupont considère toutes les cavernes renfermant des débris comme plus vieilles que le *limon à blocs* (Blocklehm). Elles seraient intermédiaires entre la période des silex roulés et du lehm stratifié d'une part, et celle du limon à blocs d'autre part.

Les hommes de l'âge du renne en Belgique étaient, suivant M. Dupont, petits, musclés, agiles et maladifs. Leur crâne appartient au type court, mais peu accusé; il est en pointe : le visage était aplati comme chez les races touraniennes. La physionomie de ces troglodytes devait être très-sauvage.

L'examen des débris trouvés par hasard, il y a deux ans, aux sources de la *Schussen*, près de la Forêt-Noire, en Souabe, a donné des résultats analogues. La *Schussen* est une petite rivière qui se jette dans le lac de Constance. Elle prend sa source sur le haut plateau de la Souabe supérieure, entre le lac de

Constance et le cours supérieur du Danube, à moitié route du chemin de fer entre Ulm et Friedrichshafen. Les travaux entrepris pour creuser le canal d'un moulin mirent au jour les restes bien caractéristiques d'une station complète de l'âge du renne. On trouva plus de six cents silex éclatés et des bois et des os de renne travaillés ou non, en quantité si considérable, que M. Oscar Fraas a pu reconstituer un squelette entier de renne, actuellement au musée de Stuttgart. La plupart des os avaient été fendus pour en extraire la moelle. On trouva les ossements d'autres animaux, qui ne vivent plus aujourd'hui que dans l'extrême Nord, comme le glouton, le renard polaire, etc. Sur les os et les bois de renne on voyait des traces nombreuses et distinctes laissées par les instruments de silex avec lesquels on les avait travaillés. On trouva aussi de nombreux restes de poissons ainsi qu'un hameçon fabriqué avec du bois de renne.

Non-seulement l'étude soigneusement faite de la géologie du terrain, mais même les caractères tirés de la flore ancienne (on trouva là des débris de mousses, qui vivent seulement aujourd'hui dans l'extrême Nord) mettent hors de doute que cette station de l'âge du renne appartient à l'époque glaciaire, ou même qu'elle date de la période intermédiaire entre les deux époques glaciaires, qui très-vraisemblablement ont passé sur la Suisse. Au Congrès anthropologique de 1867, M. E. Desor n'a pas hésité à déclarer que le terrain en question était sur la limite de la moraine formée jadis par le grand glacier du Rhin. Pour lui, la découverte de Schussenried est particulièrement remarquable en ceci qu'elle est la première station de l'âge du renne trouvée dans des couches à l'air libre ; jusque-là, les traces de l'homme du renne avaient toujours été rencontrées dans les cavernes.

(40)... *Le plus habituellement les Celtæ ont été trouvés dans le Nord, particulièrement en Danemark.* — D'après un excellent écrit déjà cité, et que sir John Lubbock a publié sur l'emploi de la pierre dans les âges anciens (*Revue des cours littéraires*, 1865-1866, nº 1), il y a dans le musée archéologique de Copenhague environ onze à douze mille instruments de pierre, et le nombre de toutes les pièces contenues dans les collections publiques et privées du Danemark est évalué par M. Herbst à trente mille! Le musée de l'Académie royale d'Irlande contient près de sept cents éclats de silex, cinq cent douze celts, plus de quatre cents pointes de flèches ou de lances, en outre, soixante-quinze racloirs et nombre d'autres objets de pierre, tels que des pierres de fronde, des marteaux, des pierres à aiguiser, des bornes, etc. — On évalue aussi à quinze ou seize mille le nombre des pièces contenues dans le musée de Stockholm.

« On en peut conclure, dit Lubbock, qu'il y a eu un temps où l'humanité était dans un tel état de sauvagerie que des bâtons, des pierres, des cornes, des os étaient ses seuls instruments. »

(41)... *on rencontre de nombreux débris de vases de terre travaillés à la main.* — L'apparition de l'art du potier et son perfectionnement graduel sont très-caractéristiques dans l'histoire de l'humanité. Pendant la phase la plus ancienne de la période des cavernes, on se servit simplement, pour conserver l'eau potable dans les grottes, de blocs de terre glaise excavés. Plus tard, on fit cuire le vase au soleil pour le durcir. Mais c'est dans l'âge du renne que l'on paraît avoir employé pour la première fois la cuisson au feu, afin de rendre les vaisseaux solides. Pour rendre l'argile réfractaire au feu, on la mélangea en outre avec du sable de quartz. D'ailleurs, ces vieux vases sont très-grossiers, travaillés à la main seulement, comme l'indiquent les empreintes digitales visibles à leur surface; presque toujours ils sont d'une couleur noire. L'usage de la roue du potier n'apparut que bien plus tardivement.

(42)... *le dernier cas est de beaucoup le plus probable.* — P. Gleisberg (*Exposition critique de l'histoire primitive de l'homme*, Dresde, 1868) affirme que maintes fois et à tour de rôle, dans les temps préhistoriques, des races africaines et asiatiques ont envahi l'Europe et ont ainsi fortement stimulé le développement de la civilisation. Quand même il en serait ainsi, il n'y aurait là aucune objection à la théorie de l'évolution dans sa généralité, car ces races envahissantes elles-mêmes ont dû dans leur patrie partir aussi d'un état primitif grossier, et les traces indéniables d'un ancien âge de pierre et de ses différentes phases ont été trouvées en divers lieux de l'Afrique et de l'Asie (Palestine, Syrie, Inde, cap de Bonne-Espérance, Madras, même en Égypte, etc.).

4. J.-P. Lesley (*Man's Origin and Destiny*) appelle la civilisation « la fleur que portent les émigrations des peuples ; » pour lui, chaque grande période historique est précédée d'une invasion de barbares quelconques, et les races humaines les plus nobles sont aussi celles qui ont le plus de tendance à émigrer. Il expose que l'Europe septentrionale a vu trois races humaines distinctes, correspondant aux trois âges de *pierre*, de *bronze* et de *fer*. Les hommes de l'âge du bronze auraient apporté de bien loin les métaux et l'art de les travailler, ainsi que le sens artistique et la coutume de brûler les morts. L'homme de l'âge de fer, grand, robuste, à tête allongée, représente la tendance à la guerre, à la conquête, et il a soumis au joug les races qui l'avaient précédé. — M. Broca admet la probabilité que les hommes de l'âge de bronze aient immigré de l'Asie en Europe.

(45)... *contrairement à cette manière de voir qui ne cesse de reparaître de temps en temps.* — Cela est bien démontré par la communication intéressante faite en Angleterre au congrès des naturalistes, à Dundee, par sir John Lubbock, au sujet de l'homme primitif et de ses progrès. Cette communication s'adressait à l'archevêque anglais, Whately, qui avait défendu la vieille théorie de la perfection originelle. Lubbock démontra, avec des preuves concluantes, que la thèse de Whately était parfaitement insoutenable au point de vue scientifique. Il fit voir que, non-seulement chez les sauvages, on trouve toujours des traces de progrès graduel, fût-il même extrêmement lent, mais qu'en outre les vestiges de l'ancienne barbarie ne manquent pas chez les nations les plus civilisées. Sur les rivages de l'Angleterre, maint village de pêcheur est encore dans le même état qu'il y a cent vingt ans. Sans doute il y a çà et là des peuples qui ont rétrogradé après avoir avancé; mais ce sont là seulement des exceptions, tandis que la supposition d'un antique état de perfection est tout à fait dépourvue de base. Jamais on n'a vu d'ustensiles en métal ou de poteries solides chez les peuples qui actuellement ne connaissent point les métaux, par exemple en Australie, à la Nouvelle-Zélande, dans la Polynésie, etc. De même, l'art du tisserand et l'usage de l'arc sont ignorés de beaucoup de sauvages; et pourtant ce sont là des connaissances qui, une fois acquises, ne se perdent plus. De même pour l'art de construire des maisons, de même pour la religion, dont il n'existe pas de traces chez beaucoup de sauvages, et qui pourtant ne disparaissent plus, dès qu'ils ont existé une fois. Il n'en est pas autrement pour la numération, qui s'est formée graduellement, en commençant par le dénombrement des doigts et des orteils[1], et qui aujourd'hui encore, chez beaucoup de tribus brésiliennes, australiennes, etc., ne dépasse pas les nombres deux ou quatre. De même, encore, pour l'usage du feu, inconnu, même actuellement, chez beaucoup de peuplades, par exemple chez les *Doko*, en Abyssinie, qui, de plus, n'ont ni mariage, ni famille, sont dans un état de complète nudité et vivent pêle mêle comme les bêtes. Pourtant, voilà de ces choses qui, connues une fois, ne se perdent plus. Ajoutons-y la langue, si pauvre par exemple chez l'Australien, qu'elle se compose seulement de quelques centaines de mots, parmi lesquels il n'est pas d'expression pour une idée générale quelconque. Citons encore les idées d'hérédité, de mariage, de famille, de paternité, etc., parfaitement ignorées de beaucoup de sauvages et qui, cela serait facile à démontrer, se sont frayé passage, grâce seulement au progrès graduel de la civilisation. Beaucoup de sauvages (Australiens, Fidjiens, insulaires de la mer du Sud, etc.) ne connaissent leur origine que du côté maternel, et les Égyptiens, les Chinois, les Grecs, les Indiens ont même des traditions relatives à l'introduction du mariage et de l'hérédité, etc.

Il est presque superflu d'ajouter que, même chez les peuples les plus civilisés, on trouve, presque par toute la terre, les traces d'un ancien âge de pierre et d'un état de barbarie.

Que l'archevêque Whately ait des émules en Allemagne, cela est démontré par la deuxième édition de l'écrit du professeur J.-P. Baltzer, publiée à Breslau. Dans cet écrit intitulé : *des Commencements des êtres organisés*, etc., l'auteur combat C. Vogt et ses *Leçons sur l'histoire primitive de l'humanité* avec des arguments soi-disant scientifiques ; mais, en réalité, il entre en campagne avec toutes les armes de la théologie du moyen âge et tâche d'empêcher « l'homme paradisiaque »

[1] Même chez les nations modernes, la numération d'après le nombre des doigts et des orteils (5, 15, 20) est encore très-généralement répandue.

d'être expulsé par la science moderne. Ceux qui aimeraient à voir comment, aux yeux d'un théologien et d'un professeur de théologie de nos jours, la science moderne est interprétée, pourront, par la lecture de cet écrit, se procurer quelques heures de gaieté.

Pour soutenir aujourd'hui, en face de la science moderne, l'*Adam biblique* et toute l'hypothèse judaïco-chrétienne de la création qui lui est connexe, il faut, à l'exemple de MM. les théologiens, ne vouloir pas et ne pouvoir pas se laisser convaincre par des arguments scientifiques.

Pourtant, ainsi que s'exprime l'Américain J.-P. Lesley, dans l'excellent petit ouvrage si souvent cité par nous, pourtant croire à la lampe merveilleuse d'Aladin dans les *Mille et une Nuits*, ou croire que la cathédrale de Cologne a été commencée et achevée une heure avant le déjeuner, est aussi raisonnable que de croire à la création de l'homme, il y a six mille ans et en un seul jour! « Réconcilier la théologie judaïque et la science moderne, continue-t-il, est une chose impossible; ce sont des ennemies jurées! Il est aussi facile de mettre d'accord la géologie actuelle avec l'hypothèse de la création mosaïque, qu'avec celles des gnostiques, du Vêda ou des Scandinaves. C'est complétement et définitivement qu'elle s'est affranchie de son assujettissement à la foi. » — « C'est bien inutilement qu'on a pris la peine de changer un jour en un millier d'années; car il ne s'agit pas ici de milliers d'années, mais de milliers de périodes. Beaucoup de couches calcaires sont uniquement composées de coraux et de leurs débris pulvérisés. Beaucoup de roches limoneuses de l'époque devonienne ne sont constituées que par une énorme quantité de coquilles de brachiopodes de toute taille, depuis les espèces les plus anciennes jusqu'aux plus récentes. Dans le lit profond d'un fleuve de la Nouvelle-Caroline il y a des milliers de dents de poisson entassées les unes sur les autres, entre deux couches de charbons, qu'elles écartent l'une de l'autre de deux pieds. Dans chaque houillère il y a souvent plus de cent couches de charbons superposées; or chacune de ces couches atteste le lent accroissement d'un marais, d'une tourbière; elle accuse une période distincte. Et nous ne parlons pas de ces couches de pierre ou de rocher, épaisses de plusieurs toises, qui séparent chaque couche charbonneuse de la couche voisine; or, pendant la formation de chacune de ces couches, la terre était si profondément plongée sous les eaux, que toute végétation y était impossible. L'engrais fossile provenant des cadavres de poissons qui ont vécu dans la mer, alors que se sont formées les collines calcaires de l'Angleterre, est en si énorme quantité, que dans le voisinage de Cambridge les paysans le recueillent là où il a été isolé par le lavage, et s'en servent pour fumer leurs champs, etc., etc. »

PARIS. — IMP. SIMON RAÇON ET COMP., RUE D'ERFURTH, 1

Ils pensent que son intervention personnelle incessante n'est pas nécessaire pour faire aller les choses. Ils croient à des lois immuables, suivant lesquelles les phénomènes s'accomplissent fatalement, forcément, sans que rien d'extérieur à ces lois vienne jamais entraver leur action. Le monde est : il se compose d'une quantité déterminée de matière, d'une quantité déterminée de mouvement. La matière et le mouvement diversement combinés, inséparables d'ailleurs l'un de l'autre, se transforment sans cesse suivant les lois émanées de toute éternité de la sagesse du Créateur, et cela suffit pour expliquer tous les phénomènes connus, quelque variés et complexes qu'on les suppose.

Quant au Créateur lui-même, les philosophes de cette seconde école ne cherchent pas à pénétrer sa nature. On a prétendu que quelques-uns d'entre eux niaient son existence ; c'est une insigne folie. Ce qui est vrai, c'est qu'ils le croient trop grand pour être jamais abordable par l'intelligence humaine, trop sage pour avoir besoin de retoucher sans cesse son ouvrage, trop puissant pour qu'il lui soit nécessaire de s'y prendre à deux fois pour mener à bien ses entreprises. Ces hommes ont, en général, peu de foi dans les miracles et dans le droit divin ; ils ont, en conséquence, de puissants ennemis. C'est dans la nature des choses ; ils le savent et s'en consolent.

Il faut bien le reconnaître, tous les efforts de la science moderne tendent à leur donner raison. Les physiciens ont démontré que la lumière, la chaleur, l'électricité n'étaient que des modes spéciaux du mouvement dont sont sans cesse animés les particules matérielles infiniment ténues, les atomes qui constituent les corps. Cette simple notion leur a suffi pour reconstituer l'histoire du développement des mondes : ils ont deviné la nature des comètes, amas de pierres lancées dans l'espace avec une vitesse inouïe ; montré comment ces astres morcelés se transforment à la longue en soleils radieux, comment les soleils eux-mêmes se refroidissent lentement pour passer à l'état de planètes obscures comme la terre, comment celles-ci, enfin, par les progrès du refroidissement, peuvent arriver à se briser, comme est en train de le faire notre lune, pour repasser enfin à l'état fragmentaire particulier aux comètes ; ces fragments se séparent plus tard les uns des autres sous l'action d'influences diverses, et l'astre s'émiettant sur sa route, lègue peu à peu chacun de ses morceaux à des astres plus jeunes qui s'accroissent de ces débris.

Ainsi chaque année tombent sur la terre des milliers de pierres météoriques, ayant jadis appartenu à des mondes disparus et dont le nombre prodigieux nous est révélé par les myriades d'étoiles filantes qui sillonnent notre ciel.

C'est avec une régularité mathématique que s'accomplissent tous les phénomènes physiques ; l'évolution des astres n'est que l'un de ces phénomènes, le plus grandiose de tous.

Les naturalistes, à leur tour, se sont demandé si les résultats acquis par les physiciens n'étaient pas applicables à la nature vivante. Si les phénomènes vitaux ne s'accomplissaient pas suivant des lois aussi fixes, aussi immuables que les phénomènes physiques, si la vie elle-même ne subissait pas une évolution parallèle à celle de l'astre sur lequel elle se manifeste.

De là est née la physiologie expérimentale, dont notre illustre Claude Bernard a été le principal promoteur ; de là est né le Darwinisme, qui est aujourd'hui le champ de bataille de toutes les écoles philosophiques.

Le livre de Hæckel, dont M. Reinwald offre aujourd'hui une excellente, une luxueuse traduction à notre grand public, n'est pas autre chose que l'application la plus hardie qui ait jamais été faite de la doctrine darwinienne aux sciences naturelles. C'est une série de vingt-quatre leçons populaires faites à Iéna par le professeur Hæckel, dans le but de populariser les idées qui ont actuellement cours en Angleterre et en Allemagne sur l'origine des êtres vivants, les transformations qu'ils ont subies dans le cours des âges et celles qu'ils sont destinés à subir encore.

Hæckel, comme Darwin, admet que la vie apparut jadis spontanément sur la terre. Sous l'influence de conditions, aujourd'hui disparues peut-être, se forma au sein des mers une sorte de gelée vivante, semblable à celle qui constitue encore ces êtres si rudimentaires découverts par Hæckel lui-même et qu'il nomme des *Monères*.

C'est de cette gelée, fragmentée peut-être en grumeaux microscopiques, que sont sortis, par une lente évolution, par une série d'innombrables transformations, de perfectionnements successifs et graduels, tous les êtres qui vivent actuellement sur notre globe, tous ceux qui ont vécu et qui furent les ancêtres de nos animaux et de nos végétaux actuels.

L'homme lui-même n'est que le dernier terme de l'évolution de cette gelée. Lui qui se révolte à l'idée que ses ancêtres ont pu jadis ressembler au singe, il aurait, suivant Hæckel, traversé tous les degrés les plus inférieurs de l'échelle animale : infusoire microscopique au début, plus tard simple ver, rampant péniblement dans la vase des océans sans bornes des premiers âges, il se serait élevé lentement, à travers tous les degrés de la hiérarchie animale, s'arrêtant des siècles entiers à chaque grade conquis, pour atteindre enfin cette dignité humaine dont il est si fier, qu'il n'a pas hésité à se proclamer le roi de la création.

Ce n'est donc pas seulement avec les singes actuels que l'homme aurait des ancêtres communs. Tous les végétaux, tous les animaux peuvent, dans l'opinion des Allemands, revendiquer la même origine, tous sont membres d'une même famille ; mais les divers rejetons des monères primitives n'ont pas eu tous la même fortune : les uns ne sont pas sortis de la condition paternelle, les autres se sont échelonnés sur tous les degrés possibles de la hiérarchie vitale.

Quelque différents qu'ils puissent être aujourd'hui, tous ces rejetons n'en sont pas moins frères dans le sens le plus général de ce mot ; on peut considérer la création actuelle comme représentant les branches terminales d'un arbre généalogique immense, dont la souche unique est la gelée vivante qui s'organisa au sein des eaux, alors que la terre encore brûlante commençait à peine à leur permettre de se condenser à sa surface.

C'est cet arbre généalogique que Hæckel a tenté de reconstruire : gigantesque entreprise, dans laquelle il a déployé une hardiesse ressemblant trop souvent peut-être à de la témérité. « Mais, dit-il quelquefois, que d'autres fassent mieux, et je serai le premier à les applaudir. » Il faut lire ce livre, d'une puissante originalité, pour se faire une idée de ce que peut aujourd'hui oser la science. Sa lecture est facile, grâce aux figures nombreuses, aux magnifiques planches coloriées qui illustrent le texte.

Nous ne pouvons ni ne voulons prolonger davantage cette analyse : retracer ici la généalogie de l'homme, faire ressortir les affinités qui le lient aux divers groupes d'animaux actuellement existants serait pour cette fois trop long ; nous y reviendrons peut-être ; d'autant mieux que seulement alors nous pourrons faire ressortir ce qu'il y a de fondé et ce qu'il y a d'hypothétique dans les doctrines grandioses et séduisantes où se complait aujourd'hui l'imagination des savants. Malheureusement, ces doctrines sont un peu comme les hautes cimes, elles agrandissent les horizons, mais engendrent aussi le vertige.

(*Le National.*)

L'Histoire de la Création de E. Hæckel sera lue certainement avec le plus grand attrait par tous ceux qui aiment à se tenir au courant du mouvement scientifique, et qui ne manqueront pas d'y voir l'une des productions caractéristiques de la période d'évolution que subit en ce moment la zoologie.

Rien n'a été négligé dans la publication de la *Création* de Hæckel. Des planches faites avec grand soin, tirées souvent en couleur, éclairent le texte par des illustrations qui présentent nettement aux yeux, la pensée de l'auteur.

Le Darwinisme a incontestablement déterminé un mouvement considérable dans les études zoologiques et paléontologiques ; des progrès certains ont été la conséquence de ce mouvement. Aussi les publications de M. Reinwald ont cela surtout de très-utile qu'elles rappellent, en France et dans les pays où les publications françaises sont recherchées, l'attention vers des vues nouvelles, qui, dans bien des cas, ont largement contribué au progrès.

(*Archives de zoologie expérimentale.*)

PARIS. — IMP. SIMON RAÇON ET COMP., RUE D'ERFURTH, 1.